U0482646

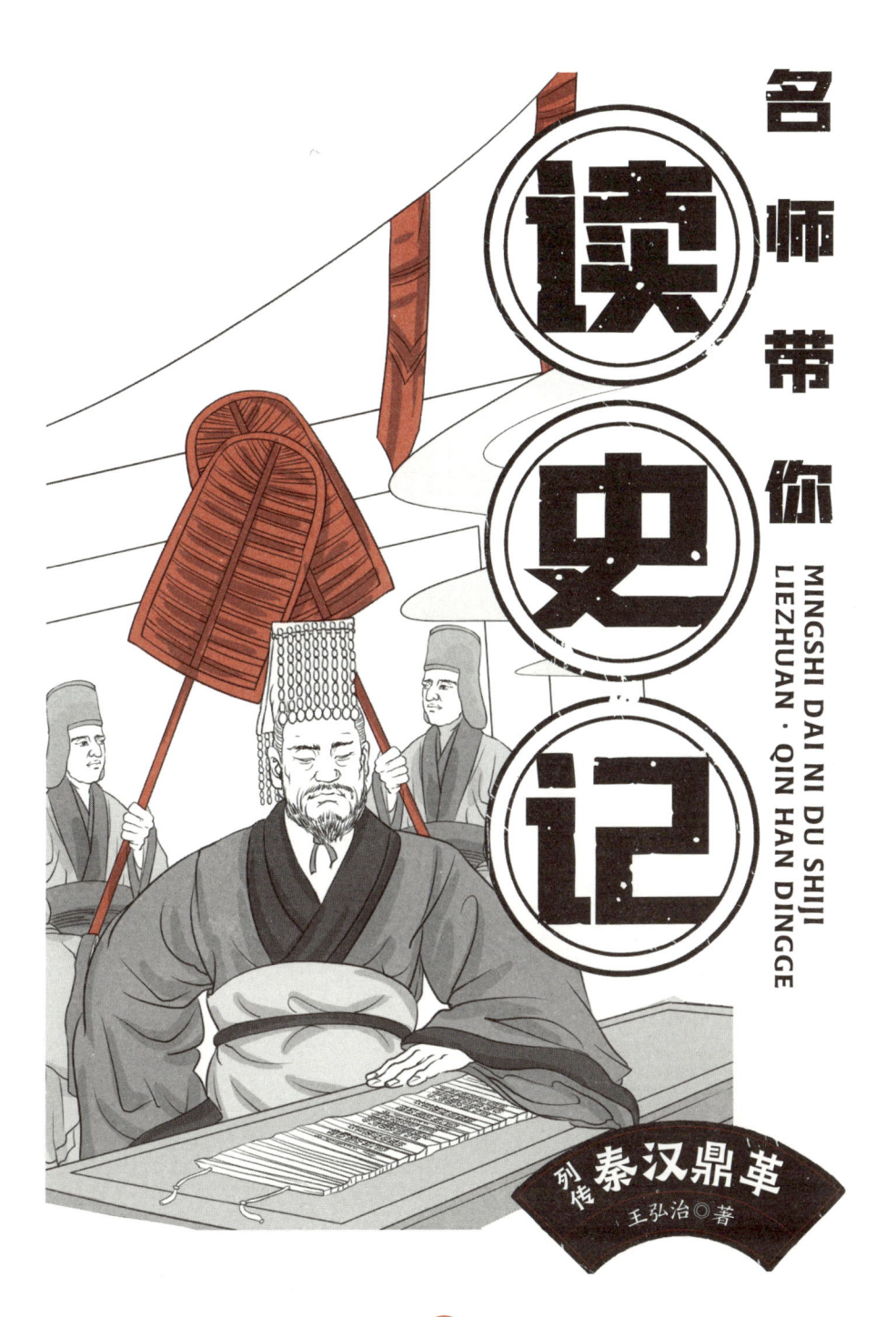

名师带你读史记

MINGSHI DAI NI DU SHIJI
LIEZHUAN · QIN HAN DINGGE

列传 秦汉鼎革

王弘治 ◎ 著

天地出版社 | TIANDI PRESS

图书在版编目(CIP)数据

列传.秦汉鼎革/王弘治著.—成都：天地出版社,2023.9
(名师带你读史记)
ISBN 978-7-5455-7849-2

Ⅰ.①列… Ⅱ.①王… Ⅲ.①《史记》—青少年读物 Ⅳ.①K204.2-49

中国国家版本馆CIP数据核字(2023)第124244号

LIEZHUAN·QIN HAN DINGGE
列传·秦汉鼎革

出品人	杨　政	营销编辑	魏　武
作　者	王弘治	美术设计	霍笛文
总策划	陈　德	内文插画	世纪外研
策划编辑	李婷婷　曹　聪	内文排版	书情文化
责任编辑	曹　聪	责任印制	葛红梅
责任校对	张思秋		

出版发行　天地出版社
（成都市锦江区三色路238号　邮政编码：610023）
（北京市方庄芳群园3区3号　邮政编码：100078）
网　　址　http://www.tiandiph.com
电子邮箱　tianditg@163.com
总 经 销　新华文轩出版传媒股份有限公司

印　刷	北京文昌阁彩色印刷有限责任公司
版　次	2023年9月第1版
印　次	2023年9月第1次印刷
开　本	710mm×1000mm　1/16
印　张	11.75
字　数	160千字
定　价	39.80元
书　号	ISBN 978-7-5455-7849-2

版权所有◆违者必究

咨询电话：（028）86361282（总编室）
购书热线：（010）67693207（营销中心）

如有印装错误，请与本社联系调换。

目录

• 自序 •　　1

45篇	《吕不韦列传》：回报率最高的生意	1
46篇	《刺客列传》（上）：匹夫之怒	14
47篇	《刺客列传》（中）：《广陵散》的原型	26
48篇	《刺客列传》（下）：风萧萧兮易水寒	36
49篇	《李斯列传》："官仓鼠"的一生	48
50篇	《张耳陈馀列传》：相爱相杀的好朋友	62
51篇	《魏豹彭越列传》：刘邦的朋友和敌人	75
52篇	《淮阴侯列传》：悲剧英雄	88

53篇	《黥布列传》《田儋列传》：士可杀不可辱	104
54篇	《樊郦滕灌列传》："附骥"的武将们	117
55篇	《张丞相列传》：一人之下，万人之上	127
56篇	《郦生陆贾列传》《刘敬叔孙通列传》（上）：乱世里的读书人	139
57篇	《郦生陆贾列传》《刘敬叔孙通列传》（下）：乱世书生的壮举	150
58篇	《张丞相列传》《季布栾布列传》：做人得有气节	163

·后记· 174

自 序

万万没想到，周朝八百年的分封天下，竟然被从前最不起眼的"附庸小国"秦取而代之；

万万没想到，纠合八荒、席卷四海的秦始皇一驾崩，他梦想要相传万世的帝国就土崩瓦解；

万万没想到，秦失其鹿，天下共逐，诸侯并起，项羽称霸，城头变幻大王旗；

万万没想到，才不过几年时间，一个崭新的帝国就从战火的废墟中拔地而起，而站在时代顶峰的那一位汉高祖，以前竟然是一个乡村无赖！

身处那一段时代洪流中的人，面对这些倏忽而来的"没想到"，会不会都有一种头脑眩晕的感觉？

司马迁在《史记》当中，似乎也无法对巨变的原因做出冷静、理性的分析，只是不厌其烦地把贾谊的大作《过秦论》一字不落地抄录下来，觉得这应该是对秦朝灭亡这一历史巨变最好的解释。

而泥腿子刘邦，虽然无官无爵无封地，却建立了大汉帝国，算得上是千年以来绝无仅有的逆袭样本，司马迁只能把这小概率事件背后的逻辑归结为一个词——"天命"！

什么是"天命"？如果秦始皇能够活到汉武帝的岁数，把刘邦熬死，还会有汉朝的"天命"吗？如果没有赵高在秦始皇沙丘驾崩后的那场篡位阴谋，如果秦朝的江山交到代表民望的公子扶苏手中，还会有汉朝的"天命"吗？如果项羽在鸿门宴上狠一狠心，一剑杀了刘邦，还会有汉朝的"天命"吗？如果在楚汉相争的初期，占据优势的项羽军队能够在一次战斗中抓住机会活捉刘邦，还会有汉朝的"天命"吗？如果韩信接受项羽的建议，在占领齐国以后宣布独立，与刘邦、项羽三分鼎立，那之后还会有汉朝的"天命"吗？……

一连串的"如果"和"假设"，虽然实际上从来没有发生过，但在历史的"赌局"中，其实也有成为现实的概率。然而，所有这些"假设"成真的概率，组合在一块儿，竟然都没有砸到刘邦的脑袋上。只有把历史细细整理过的人，才能深刻地感受这种偶然结果是多么不可思议，从而把这一切都归为虚无缥缈的"天命",认为是无可名状的"天命"在冥冥之中推动着历史的发展。

当我们着眼于宏观,历史仿佛是一场轮回,一切好像都有定数,天下大势合久必分,分久必合;但当我们着眼于微观,历史就像物理学的量子世界,到处都是不确定的偶然现象。我们宏观地看历史,个人的作为是洪流中的一滴水,无法改变大河的走向;而从微观的视角中,个人好似时代的枢纽,有时仅仅一个念头或者一个行为,就会给接下来几十年、几百年,甚至几千年的人类历史留下深远的影响。

人们宏观地看历史,会从中总结出坚定的信仰,无论是积极的,还是消极的,历史总有一个永恒的方向;而微观地看历史,会发现往事中隐藏着无限丰富的细节,得以还原几十年、几百年,甚至几千年前有血有肉的人类生活。

司马迁笔下秦汉鼎革的"天命",究竟是想呈现宏观的历史大势,还是微观的历史细节呢?这个问题,还是留给读者你,去《史记》的故事当中细细品味吧。

【 吕不韦列传 】

回报率最高的生意

中国传统文化把人群分为士、农、工、商四大类，称为"四民"，分别指读书的士人、种田的农民、能工巧匠和商人。

在古代的四民当中，商人的社会地位最卑贱。重农轻商的观念曾在中国流行几千年。

商人的社会地位虽然得不到肯定，但他们的智商却是有口皆碑的。

战国时期，商人表现出来的聪明才智一点儿也不比苏秦、张仪这类士人出身的纵横家差。其中的佼佼者吕不韦，靠着自己的精打细算，甚至影响了中国历史的走向。

奇货可居

"奇货可居"是一个著名的成语。关于这个成语的典故就出在吕不韦的身上。

吕不韦为了做生意东奔西走。有一回，他来到赵国的首都邯郸做生意，遇见了一件千载难逢的宝物。他敏锐地察觉这件宝物将会带给他丰厚的回报。他究竟遇见了什么宝物呢？且听我细细讲来。

秦国有一个落魄王孙，名叫子楚，当时正在赵国做人质呢。子楚的父亲是秦昭襄王之子安国君，母亲是一个不受宠的妃子。安国君有二十多个儿子，他并不待见子楚，所以派子楚来赵国做人质。

秦国攻打赵国的时候，完全没考虑过子楚的生命安全，可见秦王有多不把子楚当回事。说不定秦昭襄王连这个孙子叫什么名字都想不起来了。

赵国人都把子楚当成一个没用的废物，只有吕不韦一眼看出了子楚的价值。他认为子楚是当下最有用的资源，是千载难逢的宝物。于是，吕不韦准备囤积居奇，用他的神奇计谋让子楚身价倍增。

吕不韦为什么会看中子楚呢？原来，吕不韦多年四处经商，搜集天下的情报，早已感觉到了时代洪流的变化。当时，一次偶然的变故发生在秦国，让吕不韦确定自己大展身手的时机来了。他立刻在脑海里设计了一个环环相扣的计谋。那么，这变故到底指什么呢？

秦昭襄王是一位长寿的君主，在位五十六年，享年七十五岁。秦昭襄王四十年的时候，太子去世了。在古代，一般人的寿命也就四五十岁，这位太子只能怪自己的寿命比起父亲来实在差太多了。

太子去世后，谁来继位呢？转过年，子楚的父亲安国君被册立为新的太子。这下，原本名不见经传的子楚陡然成了秦国太子的儿子。吕不韦正是从太子去世这个变故中看到了巨大的商机。

我们刚才说过，安国君有二十多个儿子呢。在赵国当人质的子楚，根本得不到父亲的赏识，吕不韦怎么能够帮助他逆天改命呢？

原来，吕不韦早就神不知鬼不觉地在安国君身边进行了"布控"。

安国君虽然年事已高，却始终没有指定嫡子继承人。这是为什么呢？原来安国君最宠爱的华阳夫人膝下无子。华阳夫人和她的亲族们一直都在担心安国君一旦去世，其他的妃子会依靠继位的儿子，把自己彻底扫除。

对华阳夫人来说，能解除她心病的唯一方法，就是过继一个安国君的儿子到自己名下，认自己这个正夫人做母亲。首先，她必须挑一个无法与自己争宠的妃子生下的儿子；其次，这个孩子不能是个草包，最好有些真才实学，让安国君看得上眼。

可是，在后宫里，妃子们之间的关系都剑拔弩张，大家都盼着华阳夫人失宠呢，谁会把儿子过继给她？

吕不韦对安国君家里这点儿事了如指掌，很清楚这是子楚翻身的不二机会。他痛下血本，把自己的家产一分为二，一半供子楚在赵国挥霍，结交各路权贵豪杰，积攒名气，另一半供他在秦国皇室上下打点，拼命地接近华阳夫人的家族。

吕不韦见到了华阳夫人的姐姐，将后宫里的利害关系做了一次透彻的分析：华阳夫人如果没有一个儿子当依靠，将来就不可能顺利地做太后。他极力推销在赵国的子楚，宣称子楚是人品极好的公子，十分想认华阳夫人当自己的母亲。吕不韦请华阳夫人的姐姐务必把这番话转达给华阳夫人。

华阳夫人非常明白"母凭子贵，子凭母贵"的道理。她一听说子楚在邯郸混得风生水起，而他生母又是安国君不会正眼相看的失宠妃子，立刻动了心。

华阳夫人在安国君面前频繁地提到子楚，让子楚这个几乎已经被秦国遗忘的王孙很快变成了大秦王国未来的继承人。子楚这"先抑后扬"的人生经历，靠的全都是吕不韦的一手策划。

吕不韦的厉害之处还远不止于此。他扶子楚上位是下了血本的，必须从子楚身上得到回报。他难道不怕子楚是个白眼狼，最后过河拆桥，让自己血本无归吗？

吕不韦是一位懂得观察和思考的商人，很少看走眼。他早就摸透了子楚的性格，可以把子楚操控在自己的股掌之间。因此历史上有传说，吕不韦把自己宠幸过、已有身孕的歌姬献给子楚，后来这歌姬生下的儿子成了秦始皇嬴政，所以吕不韦的最终目的是篡夺整个秦国。虽然很多历史学家都认为这是无稽之谈，但我们不能否认，吕不韦的野心绝不止一时的荣华富贵。

安国君体弱多病，即位一年就离奇过世了。子楚即位，也只做了三年大王就一命呜呼了。懵懂少年嬴政即位，管理秦国的实权都落在了丞相吕不韦手里。吕不韦只用了十几年的时间，就从一个普通的商人变成了掌握天下最强国家的政治家，这时还有谁不佩服他的投资眼光呢？

一字千金

当上秦国丞相的吕不韦到底有多威风呢？我再来讲两个小故事吧。

第一个故事叫"一字千金"。

吕不韦招揽天下的贤才来当自己的门客。他的门客

名师带你读史记

们受他的命令编了一部书，就是一直流传至今的《吕氏春秋》。

吕不韦把这部书摆在人来人往的咸阳市集的大门口，下令凡是读了此书，觉得内容不好的人，都可以改，无论增删，只要改一个字就能获得千金赏赐。奇怪的是，虽然赏赐丰厚，却没人来改。这不是因为书写得实在好，而是人人都不敢得罪吕不韦，怕招来杀身之祸。吕不韦"一字千金"的故事，跟后来秦二世时赵高的"指鹿为马"一样，都反映出他们当时一手遮天的权势。

另一个故事叫做"甘罗十二为丞相"。

这个故事说的是吕不韦家有一个叫甘罗的小门客，才十二岁。有一回，吕不韦想派大将张唐出使燕国，可是，张唐百般推辞。原来，他曾经率兵打过赵国，而此次去燕国必然要经过赵国，他怕遭到赵国的报复。

甘罗自告奋勇去劝张唐："请问您和武安君白起比起来，谁的功劳大？"

张唐说："我哪里比得上武安侯呢？"

甘罗又问："那请问当时的丞相范雎跟现在的吕丞相比起来，谁的权势更大呢？"

张唐说："当然是吕丞相更胜一筹啦。"

甘罗索性道破利害关系："武安君虽然为秦国立下汗马功劳，却因为与范雎不和，被逼自刎。吕丞相的权势远远超过当年的范雎，你有没有想过自己拒绝吕丞相之后会有什么下场呢？"

张唐一听，顿时吓出了一身冷汗，马上预备车马整装待发。

吕不韦为了奖赏十二岁的甘罗，把他提拔为秦国的上卿。你看，吕不韦只凭自己的好恶，既可以捧人上天堂，也可以推人下地狱。秦国的事情，完全由他一个人说了算。

"色取仁而行违"

可惜，吕不韦的无限风光只维持了不到十年时间。这位精明的商人把纷繁诡诈的战国形势看得清清楚楚：算准了子楚的升值空间，并把这份利益发挥到了极致。不过，在他的整个计划中，他忽略了一个真正的对手，就是那个称呼他为仲父，一直被他当小孩儿看待的秦王嬴政。

嬴政刚刚举行了二十岁的成年冠礼，就开始为除掉吕不韦精心布局了。嬴政巧妙地利用了母亲赵太后情夫嫪毐的野心，引蛇出洞。

他先派人去查嫪毐的底细。嫪毐一有所觉察，立刻就心虚了。情急之下，嫪毐想先发制人，于是伪造太后的命令谋反。这就掉进了嬴政设好的圈套。嫪毐因为谋反掉了脑袋。

嬴政揪住嫪毐的案件不放，穷追猛打，要把他的党羽一网打尽。在清查这件谋反案时，当初把嫪毐献给太后的丞相吕不韦也受到了牵连。吕不韦被罢官回家。就这样，秦国在一夜之间换了主宰人。

一年以后，嬴政听说吕不韦府上依旧宾客如云、门庭若市。嬴政生怕吕不韦正在拉拢人心，为东山再起做准备，就送了一封书信给吕不韦。嬴政在这封信里痛斥吕不韦的种种不是，丝毫没有念及当初吕不韦扶助先王的功劳。吕不韦自知将来难逃一死，于是饮下毒药自杀了。

司马迁在《史记》里用孔子的话批评吕不韦，说他是"色取仁而行违"的"闻者"。司马迁是在用孔子的话评价吕不韦是为了追求声望名誉，表面上做出一副仁义之举，可实际的行为却完全是另外一套的人。这个评价可是非常重的。

在历史上，另一个被批评"色取仁而行违"的人，出现在班固创作的《汉书》里，是篡汉的王莽。

我们从"色取仁而行违"这句话，可以读出司马迁的春秋笔法——司马迁是倾向于相信吕不韦有篡位野心的。如果吕不韦没有遇到嬴政，或许他雄大的野心真的就能实现。然而，如果没有吕不韦，子楚就只能是住在赵国邯郸的一个落魄王孙，而嬴政也不可能成为统一天下的秦始皇。

　　这么说来，中国历史的走向确实可以说是因为吕不韦囤积居奇才发生了重大的改变。当吕不韦和子楚初次相会在邯郸街头的时候，谁会想到战国乱世将从此走向终结呢？

成语撷英

奇货可居

释义：指把稀有的货物储存起来，等待高价卖出去。后形容拿某种专长或独占的东西作为资本，等待时机，以捞取名利地位。

《吕不韦列传》原文：吕不韦贾邯郸，见而怜之，曰"此奇货可居"。

例句：虽然只有你有这个权利，但你想一手促成奇货可居的局面可就太愚蠢了。

一字千金

释义：原指改动一个字就获得千金赏赐；后用来称赞诗文写得极好，文学价值极高。

《吕不韦列传》原文：布咸阳市门，悬千金其上，延诸侯游士宾客有能增损一字者予千金。

例句：他现在是全国闻名的畅销书作家，其作是一字千金啊。

当是时，魏有信陵君，楚有春申君，赵有平原君，齐有孟尝君，皆下士喜宾客以相倾①。吕不韦以秦之强，羞不如，亦招致士，厚遇之，至食客三千人。是时诸侯②多辩士③，如荀卿之徒，著书布天下。吕不韦乃使其客人人著所闻，集论④以为八览、六论、十二纪，二十余万言。以为备天地万物古今之事，号曰《吕氏春秋》。布⑤咸阳市门⑥，悬千金其上，延诸侯游士宾客有能增损一字者予千金。

注释：
①相倾：争胜负、比高低的意思。以天平做比喻，努力使自己占据优势。
②诸侯：东方各诸侯国。
③辩士：善于凭借口头表达或文字表达与人辩论的人。
④集论：将不同人的论述结集、编订。
⑤布：陈列。
⑥市门：街市的入口，人群集聚之地。

《吕氏春秋》

在这一篇故事中，我们了解到《吕氏春秋》是战国晚期时，吕不韦组织他的门客集体创作的一部著作。此书出于众人之手，以儒家学说为主干，以道家理论为基础，以名、法、墨、农、兵、阴阳家思想学说为素材，博采众长，内容丰富。

这部著作里的文章，虽然大多篇幅短小精悍，但表述风格不尽统一。有的文章主题明确，强调论证，比如《重己》这篇主要讲珍惜自己的生命，开篇即讲道："倕，至巧也。人不爱倕之指，而爱己之指，有之利故也。人不爱昆山之玉、江汉之珠，而爱己之一苍璧小玑，有之利故也。今吾生之为我有，而利我亦大矣。论其贵贱，爵为天子，不足以比焉；论其轻重，富有天下，不可以易之；论其安危，一曙失之，终身不复得。此三者，有道者之所慎也。"这一段先从人不爱倕之指而爱己之指、人不爱昆山之玉而爱己之玉说起，层层深入，言之有物。

又如《贵公》这一篇，强调"尊重公平"的道理。这一篇开篇即写道："昔先圣王之治天下也，必先公。公则天下平矣。平得于公。尝试观于上志，有得天下者众矣，其得之以公，其失之必以偏。凡主之立也，生于公。故《鸿范》曰：'无偏无党，王道荡荡。无偏无颇，遵王之义。无或作好，遵王之道。无或作恶，遵王之路。'天下，非一人之天下也，天下之天下也。阴阳之和，不长一类；甘露时雨，不私一物；万民之主，不阿一人。"这一段首先毫不含糊地提出了公平对于治理天下的重要性，然后以《鸿范》中的语句佐证这一观点，继而举了生活中的细节来引出后面段落中荆人遗弓、桓公问管仲等具体事例，有理有据，循序渐进。

再如《大乐》篇是剖析音乐的名篇。开篇写道："音乐之所由来者远矣，生于度量，本于太一。太一出两仪，两仪出阴阳。阴阳变化，一上一下，合而成章。浑浑沌沌，离则复合，合则复离，是谓天常。天地车轮，终则复始，极则复反，莫不咸当。日月星辰，或疾或徐，日月不同，以尽其行。四时代兴，或暑或寒，或短或长，或柔或刚……"这一段是讲解音乐的产生，后面的段落还提到了音乐的本质和功用等，语言简洁流畅。

此外，《贵生》《用众》《顺民》《正名》《察传》《似顺》等也都是《吕氏春秋》中的名篇，各有特色，大家有兴趣可以找来读读。

《刺客列传》（上）
匹夫之怒

曹沫结盟

刺客是春秋战国时的新兴职业。在《史记》中，司马迁专门为五个古代刺客写了一篇《刺客列传》。**按司马迁在《史记》中的说法，古今刺客的祖师爷当属鲁国的曹沫。** 因此，这一篇《刺客列传》中的第一位主人公就是曹沫。他也是此篇列传里五个刺客中唯一成为贵族的人。

据说，曹沫就是那位用"一鼓作气"的妙计帮助鲁国打败齐国的名将曹刿。他因此被提为鲁国大将。但是后来鲁国还是连连吃齐国的败仗，把大将曹沫搞得灰头土脸。

国家丢地，自己丢脸，曹沫必须争一口气。一次，在齐鲁两国和谈盟会上，曹沫终于逮到了反击的机会。在和谈盟会上，志得意满的齐桓公正等着鲁国来向自己低头服软，没想到前来和谈的曹沫竟然企图刺杀自己。曹沫在礼服下藏了一把匕首，在接近齐桓公时，拿匕首顶住了齐桓公的心口，逼着齐桓公答应归还侵占鲁国的土地。这就是史上闻名的"曹沫劫盟"的故事。

其实，曹沫跟其他四位刺客一样，也出身于平民之家。在先秦社会，世袭贵族是绝对的主导，平民很难有出头之日。可见，刺客虽然出身草莽，却能够凭着气贯长虹的惊世之举，在历史上留下不可磨灭的印记。

专诸的鱼肠剑

曹沫劫盟之后，过了一百多年，吴国又出了一个有名的刺客——专诸。他刺杀了吴国的大王僚，帮助公子光，也就是后来的吴王阖庐逆势上位，开创了一番霸业。

相传，专诸是伍子胥推荐给公子光的。伍子胥当年一路乞讨来到吴国都城，举目无亲、身无分文，只好在贫民窟中苟且偷生。专诸就是在伍子胥最落魄的时候，与他成为朋友的。

专诸不但做事情大胆果断，而且特别孝顺母亲。我们判定一个人是否可以作为朋友结交的标准之一，就是看他对父母的态度。一般来说，孝子一定是良友，如果做官也一定是清官。

伍子胥被公子光看中提拔以后，就把专诸举荐给公子光当门客。公子光对这位贫民窟中的义士相当尊敬，奉为上宾。

吴王僚跟楚国打仗，把身边得力的将军都派往前线作战。然后，他又派出亲近的大臣去联络诸侯，建立联盟。吴国的朝廷一时空虚。

专诸对公子光说："机不可失，时不再来，现在是行刺吴王僚的好机会。只不过，我还有一点儿个人的顾虑。"

公子光忙问专诸有什么顾虑，自己或许能助一臂之力。

专诸说："行刺吴王僚，十死无生。我愿意去为公子除害，可是我家中还有年迈的母亲和一个不懂事的孩子，我不知我死后谁能照顾他们。"

公子光一听，立刻恭恭敬敬地向专诸行礼："我的命，就是你的命；你的家人，就是我的家人。"

专诸心愿已了，就开始专心策划刺杀行动。

他让公子光在家里设宴款待吴王僚，在暗处埋伏好武士。吴王僚的警惕性很高，无论走到哪里都带着一队彪悍的铁甲武士，如果公子光想跟吴王僚硬拼，肯定占不到便宜。所以，专诸为对付吴王僚精心设计了一条妙计。

专诸把自己打扮成厨子来到宴会上，禀报："今天有刚从江里抓到的鱼，又肥又鲜，特来献给大王。"这是专诸和公子光事先约定好的行刺信号。

公子光看到专诸来献鱼，就假装突然不舒服，起身告辞。虽然公子光这样做明显就是心里有鬼，但似乎没有引起吴王僚的注意，他仍旧轻松自在地品酒吃菜、欣赏歌舞。吴王僚为什么表现得这么放松呢？原来他在宴会场的各个角落都安插了自己的铁甲武士。他命令武士对所有人搜身，确保他们没带武器才能进来。他觉得自己已经安排得无懈可击、万无一失了。

武士们把专诸仔仔细细地搜了一遍，没发现武器，又看了看他端的那条鱼，觉得没什么特别，就允许他端着鱼上前献给吴王僚。

专诸面不改色、气不长出，镇定自若地走到吴王僚面前，说时迟那时快，他突然从鱼肚子里抽出一把寒光闪闪的匕首，然后以迅雷不及掩耳之势把匕首扎进了吴王僚的心脏。

但是，能藏进鱼肚子的小匕首显然无法防身，所以专诸得手之后，立刻陷入了束手就擒的被动境地——武士们发觉专诸行刺后，纷纷拔出长剑一拥而上，把专诸当场杀死。

很快，公子光带领埋伏的人马杀了进来。此时，吴王僚已死，铁甲武士没了主心骨，丧失了斗志，最后被公子光全歼。

专诸行刺成功，公子光登上吴国王位。公子光兑现了自己的诺言，奉养专诸的老母，为老人送终，又抚养专诸的儿子长大成人，后来还封给专诸的儿子一个显赫的官位。

豫让为知己者死

专诸去世后七十多年，在北方的晋国发生了一件大事。晋国有四大家族——智、赵、韩、魏。在四大家族中，智伯的势力最雄厚。于是，智伯准备率领韩、魏两家，灭掉赵家。可是，骄傲自大的智伯没想到韩、魏两家临阵倒戈，最后自己反而被韩、魏、赵三家联手杀了。赵襄子恨透了智伯，就把这仇敌的脑袋做成了饮器。

智伯生前非常器重一个叫豫让的家臣。智伯死后，豫让抱着一腔"士为知己者死"的志气，发誓要为智伯报仇。

豫让乔装打扮成着破衣烂衫的佣工，混进赵襄子的府中，每日干清洁厕所的脏活。他时刻揣着利刃，就等着撞见赵襄子，一刀杀死仇人。

这一天，他还真等到了行刺的良机——赵襄子一溜小跑地来上厕所。可是，赵襄子远远看见守在厕所门口的仆人很眼熟，马上起了疑心，叫武士："把那扫厕所的给我带过来。"

武士们把豫让带到赵襄子面前，赵襄子定睛一看，果然认识——这不是智伯的家臣豫让吗？

赵襄子问："你躲在我家厕所门口干什么？"

豫让毫不畏惧地说："我来为智伯报仇！"

武士马上上前搜豫让的身，发现他怀里有刀，立刻要处死他。

赵襄子却出言阻拦了："智伯一家都死绝了，你作为他的家臣还愿意为他报仇，可见你是个有骨气的人，杀不得。今后别再让我碰到你了。"然后挥挥手就把豫让给放了。

豫让的确没想到第一次行刺竟然就这样莫名其妙地结束了。不过，比起报赵襄子的不杀之恩，豫让还是觉得为智伯报仇更要紧。

豫让琢磨来琢磨去，觉得自己是一匹无兵无援的孤狼，要杀赵襄子只能出其不意。可是，赵襄子认得他，他有什么办法可以神不知鬼不觉地接近赵襄子呢？看来，他只有彻底地改头换面才行。

豫让一咬牙，在身上涂满有毒的大漆。这种大漆只要一沾在身上，就会把皮肤烧出成片的大水泡。豫让身上的每一寸皮肤都腐烂了，自己因此变得面目全非。豫让的妻子看见丈夫的惨状，吓坏了。

"这下赵襄子应该认不出我了吧。"浑身烂疮的豫让每天在大街上乞讨，等着赵襄子坐车出门。可是，豫让万万没想到，他都变成这副人不人鬼不鬼的模样了，还是被人一眼认出来了。不过还好，认出豫让的是他从前的朋友。朋友一开始也没注意，可听到这叫花子乞讨的声音特别耳熟，仔细一辨别就觉得是豫让的声音，最后认出了这叫花子正是豫让。

这次跟朋友的偶遇，让豫让发现了行刺计划的漏洞——万一赵襄子也能分辨出他的声音，那可如何是好？他狠了狠心，决定一不做二不休，把烧得通红的火炭生生吞下去，烧坏了喉咙。

豫让打听到消息，赵襄子要出城打猎。他埋伏在赵襄子要经过的一座桥边，装成乞丐，发出嘶哑、微弱的声音，坐在地上要饭。

赵襄子的马车越来越近，经过豫让身边的卫兵都没觉察到这个丑陋的乞丐有什么危险，但是马却感受到了豫让内心的腾腾杀气。马受惊了，车夫费了好大力气才拽住了马。赵襄子警觉地打量着周围，看见一个乞丐趴在马车前方，直觉告诉他：此人是刺客！

卫兵们马上包围了豫让，对他进行审问。

"大丈夫行不更名，坐不改姓，我就是豫让！"

卫兵们立刻把豫让押到赵襄子面前。看见豫让变成这副模样，赵襄子忍不住叹了口气，问他："你这是何苦来啊？你在投奔智伯以前，也当过别人的家臣。智伯杀了你从前的主公，你不报仇，为什么我杀了智伯，你这么不依不饶呢？"

豫让斜着眼说："从前的主公以对待常人之礼待我，我也以对待常人之礼回报；智伯以国士之礼待我，我也必须以国士之礼报答他。"

豫让漆身吞炭的牺牲和执著让赵襄子感慨不已。他不想担杀义士的骂名，于是脱下身上的袍子交给豫让说："我就以袍代人，满足你的心愿吧。"

豫让明白自己不可能手刃仇人了，不甘心地狠狠跺着脚，激起满地的尘土。然后，他拔出匕首用力扎进赵襄子单薄的袍子，发泄着满腔愤恨。最后，他仰天大吼一声，把尖刀刺进了自己的胸膛。

成语撷英

时不可失

释义：指时机不可错过；办事要抓住良机，不能错过。

《刺客列传》原文：于是公子光谓专诸曰："此时不可失，不求何获！且光真王嗣，当立，季子虽来，不吾废也。"

例句：时不可失，你千万不要错过机会。

原典再现

齐桓公许与鲁会于柯①而盟②。桓公与庄公既盟于坛上，曹沫执匕首劫齐桓公。桓公左右莫敢动，而问曰："子将何欲？"曹沫曰："齐强鲁弱，而大国侵鲁亦甚矣。今鲁城坏即压齐境③，君其图之。"桓公乃许尽归鲁之侵地。既已言，曹沫投其匕首，下坛，北面就群臣之位，颜色④不变，辞令如故。桓公怒，欲倍⑤其约。管仲曰："不可。夫贪小利以自快，弃信于诸侯，失天下之援，不如与之。"于是桓公乃遂割鲁侵地，曹沫三战所亡⑥地尽复予鲁。

注释：
① 柯：古代齐国的一个邑，在今山东省阳谷县东北。
② 盟：盟誓。

③鲁城坏即压齐境：鲁国的城墙如果坍塌，砖石就会落在齐国的土地上，以此说明齐国国境离鲁国都城之近。
④颜色：脸色。
⑤倍："倍"通"背"，违背。
⑥亡：丢掉。

长勺之战

在这篇故事的开头，我们了解到齐国和鲁国是经常发生纷争的两个国家。在这些纷争之中，长勺之战是一场鲁国以弱胜强的著名战役。

公元前684年春，齐桓公出兵鲁国，企图借此扩张齐国的势力。当时鲁国的国力明显不如齐国，鲁庄公决定发动全国百姓，共同抵御外敌。

就在鲁庄公准备应战的关键时刻，鲁国有一个叫曹刿的人却向鲁庄公提出了一个问题——鲁国凭借什么与齐国作战？鲁庄公回答，他总是把衣物食物赏赐给臣下，不敢独自享用。曹刿指出，这些不过是小恩小惠，无法惠及全国百姓，百姓当然不会出力作战。鲁庄公又说，他诚实守信、敬重神明，从不敢虚报祭品。曹刿又说，这也未必能感动神明，请神明降福。鲁庄公最后说，他对待百姓的纠纷，虽然不能明察秋毫，但是必定公正处理。曹刿这才满意地说："您为老百姓办了好事，尽到了君主的责任，具备带领百姓同齐国一决胜负的条件了。"鲁庄公请曹刿和自己同乘一车前往长勺。

齐国大部分将士都认为鲁军不堪一击，于是发起猛烈的攻击。曹刿劝鲁庄公暂时不要应战，因为此时齐兵的势头正猛，鲁军应避其锋芒。鲁庄公听从建议，按兵不动，只令弓弩手射击，以稳住阵势。齐军既不能与对手厮杀，又冲不进鲁军阵地，更无法顶着鲁军的弓弩前进，只得向后撤退。第一次进攻不成，齐军很快发起第二次进攻。曹刿劝鲁庄公仍然不要应战，继续固守阵地。齐军攻势虽猛，但仍攻不进阵内，只得退回原阵地。齐军的士气有所衰落。

齐军认为鲁军是因为实力有限，怯于应战，立刻发起第三次进攻。曹刿看到这次齐军进攻的势头明显不如前两次，认为应战的时机已到。鲁庄公亲自擂响战鼓，下令进攻。鲁军将士奋勇出击，势头锐不可当，把齐军打得节节败退。

面对齐军的溃退，曹刿谨慎地登轼而望，见齐军旗鼓杂乱、兵器倒曳，又下车观察到齐军战车的车辙十分混乱，判定齐军确实已经溃不成军，而不是企图将鲁军引入埋伏圈，才向鲁庄公提出大胆追击的建议。鲁军在鲁庄公的鼓舞下对齐军穷追猛打，取得了最后的胜利。

【 刺客列传 】（中）

《广陵散》的原型

屠夫豪杰聂政

豫让死后四十余年，韩国又出了一位有名的刺客——聂政。

聂政青年时犯下了人命官司，为了躲避仇家，他带着母亲和姐姐背井离乡去了齐国。他从此隐姓埋名，当了一名屠夫，靠卖狗肉赚钱养家，过着平平淡淡的日子。

韩国有一位大臣叫严仲子，跟当朝丞相侠累闹翻了，也逃到了齐国。他对被迫逃亡的事始终耿耿于怀，每日都在琢磨刺杀侠累，报仇雪恨，又天天提心吊胆，怕被侠累派来的刺客暗杀。他听说此地有个叫聂政的屠夫，是个身手不凡的豪杰，于是专程驾着马车来集市拜访。

老百姓看到贵族豪气的马车居然挤进菜市场，都觉得这是一件新鲜事，纷纷围到聂政的肉摊前。严仲子站在门口，当着众人的面，向聂政恭敬行礼。可聂政只管低头剁肉，连眼皮都不抬一下，根本不搭理严仲子。严仲子虽然吃了个软钉子，但也不生气，他宽慰自己："人家正在忙生意，我只好下次再来。"后来，严仲子一连来了几次，都遭到了冷遇。甚至有一次，聂政干脆歇摊，让严仲子吃了闭门羹。

严仲子到处打听聂政的住处，准备了丰盛的酒食和贵重的礼物，以晚辈的身份专程去拜见聂政的母亲。大杂院里挤满了来看热闹的邻居，大家都想不明白，这位骑着高头大马的贵族为什么要来这个满是跳蚤和老鼠的贫民窟呢？

严仲子命人摆好酒席，招待所有人一起吃喝，大家都特别高兴。聂政被乡亲们拉住坐在桌边，也喝了好几杯。酒席的气氛逐渐变得一团和气，严仲子捧出了献给聂政老母的礼物。所有人见好几个红漆木盘上堆满了黄金，眼神都直了。可是聂政看着明晃晃的黄金，根本不为所动，推辞道："小人虽然穷，但平时凭借杀狗卖肉，足够奉养老母，不需要大人如此破费。"

严仲子虽然遭到拒绝，但已经可以确定聂政是一位富贵不能淫的大丈夫，因此更加敬佩聂政。他避开人群，向聂政说明了来意："我为了报仇，辗转于诸侯国之间找帮手。我来到此地，听说义士的大名，只求能与义士结交，不敢别有所图。"

聂政当然明白"礼下于人，必有所求"的道理，所以他故意岔开话题说："小人家中有两件大事：第一姐姐还没出嫁，第二母亲要人赡养。小人不敢在这两件大事了却之前，轻易结交朋友。"

严仲子知道无法强求，只好回到酒席，与聂政共尽宾主之礼，一醉方归。

聂政省吃俭用好多年，攒够了姐姐的嫁妆，帮姐姐找到了好婆家；又凑足了母亲的棺材本钱，替安详去世的母亲办了一场风光的葬礼。家里的两桩大事尘埃落定，聂政突然觉得心里空落落的——自己已经没有什么牵挂了。他思来想去，准备从此结束普通人的平淡生活。他关了狗肉铺，打听到严仲子的住处，收拾好行囊就去登门拜访。

严仲子看到远道而来的聂政，十分意外。聂政拱手抱拳说："当年大人不顾身份，纡尊降贵，想要结交我这么一个卖狗肉的无名之辈，我打心里感激。但那时为了照顾家事，不能答应您的请求。现在家事已了，是到为知己出力的时候了。您的仇人是谁，请把这事交给我。"

《广陵散》的原型

韩国的都城里人来人往，一派太平景象。丞相侠累的衙门里，从大门到大堂，每一道大门都有卫士把守。侠累正在办公，突然看到一个身姿矫健的人冲进大堂，只见他手执利剑，直向自己扑来。

卫士们来不及拦截，只见白光一闪，侠累的人头就掉在了地上。侠累到死也不知道来者何人。卫士们乱成一团，忽然有人大喊一声："抓住刺客！"卫士们才如梦方醒，操起武器，包围了刺客。

这名刺客正是来替严仲子报仇的聂政。聂政瞪大眼睛，发出老虎一样的嘶吼声。他虽然被团团围住，但并不屈服，要奋力杀出一条血路。然而，聂政毕竟势单力薄，虽然杀了几十个卫士，自己却身受重伤。为了不连累家人和朋友，浑身是血的聂政突然倒转剑刃，划烂了自己的脸，眼睛都掉落在地；又反手一刀剖开肚子，内脏流了一地，最后气绝身亡。

丞相被刺，韩王大怒，下令一定要追查凶手，株连九族。可刺客成了一具面目全非的尸体，线索全断了。韩王把聂政曝尸街头，下令有谁能认出刺客的身份，赏赐重金。

过了一个月，一个穿着丧服的女子突然来到聂政的

名师带你读史记

尸骨前，抱起已露出白骨的尸体呜呜痛哭，引来无数人围观。

士兵们上前询问："你是不是认识这个凶犯？你说出他的姓名身份，大王重重有赏。"

女子抬起头，大声对着围观的人喊："这个人是家住在轵（zhǐ）县深井村的聂政。他为了报答朋友的知遇之恩，不惜牺牲性命为朋友报仇。他划烂自己的脸，是怕连累自己的家人。聂政能够为知己而死，我这个做姐姐的，怎么能怕连累，就让弟弟的义士英名被埋没地下呢！大家一定要记住聂政的名字啊！"她大声哀嚎了很久很久，最后声嘶力竭，伤心过度，哭死在了弟弟的尸体旁。

《史记》上记载，聂政的姐姐名叫聂荣，有的古书还把她的名字写成聂嫈（yíng）。韩国的百姓不仅被聂政孤身行刺的胆量震慑，也被聂荣这位不怕株连、勇敢为弟弟扬名的烈女子所折服。一时间，在中原大地上，到处都在传颂聂荣、聂政姐弟俩的故事，甚至有人根据这个故事，编奏乐曲。相传，千古流传的古琴名曲《广陵散》，就是源自聂荣、聂政的故事。

三国末期，司马懿父子大权在握，想要篡夺曹魏的江山。大名士嵇康不愿意跟司马氏同流合污，惨遭诬陷，被判死刑。在断头台上，嵇康弹奏了一曲《广陵散》。他为什么要在临死时弹奏这支曲子呢？

你读了《刺客列传》聂政的故事，有没有感觉到，嵇康是把自己比作为知己而死的聂政。他也是用一死报答曹魏政权对自己的知遇之恩，表达了强烈反对司马氏篡权的态度。

"可是我死之后，又有谁能当聂荣，把我的这份忠贞不渝的志向宣扬给天下人呢？《广陵散》从此绝矣！"嵇康在临死时感慨。让他痛心疾首的，并不是这首琴曲会失传，而是《广陵散》里寄托的像聂荣那样不怕为知己而死的精神会失传，从此再也没有人挺身而出反抗强大的黑暗势力了。

聂荣——是司马迁在《刺客列传》里唯一进行正面描写的女性，她的故事让整篇列传的意境得到了升华。

成语撷英

旁若无人

释义：指身旁好像没有人，形容态度傲慢，不把别人放在眼里；也形容态度自然。

《刺客列传》原文：荆轲嗜酒，日与狗屠及高渐离饮于燕市，酒酣以往，高渐离击筑，荆轲和而歌于市中，相乐也；已而相泣，旁若无人者。

例句：她旁若无人地跳起舞来。

襄子喟然叹息而泣曰："嗟乎豫子！子之为智伯，名既成矣；而寡人赦子，亦已足矣。子其自为计①，寡人不复释子！"使兵围之。豫让曰："臣闻明主不掩人之美，而忠臣有死名之义②。前君已宽赦臣，天下莫不称君之贤。今日之事，臣固伏诛③，然愿请君之衣④而击之，焉⑤以致报雠之意，则虽死不恨⑥。非所敢望也，敢布腹心⑦！"于是襄子大义之，乃使使持衣与豫让。豫让拔剑三跃而击之，曰："吾可以下报智伯矣！"遂伏剑自杀。死之日，赵国志士闻之，皆为涕泣。

注释：
①子其自为计：命令他自杀。
②忠臣有死名之义：忠臣有为某种名声而付出生命的义务。
③伏诛：认罪。
④请君之衣：向您讨要一件您的衣服。
⑤焉：于是。
⑥恨：遗憾。
⑦敢布腹心：大胆地讲出我藏在心里的请求。

古曲《广陵散》

在这一篇中，我们了解到聂政刺韩国丞相的故事是名曲《广陵散》的由来。

《广陵散》是我国古代的大型器乐作品。"广陵"是扬州的古称，"散"是操、乐曲的意思，由此可见，《广陵散》在古代广陵地区广为流传。

《广陵散》全曲共有四十五个乐段，分引子、小序、大序、正声、乱声、后序六个部分。小序和大序的部分，旋律较为舒缓，而到了"正声"和"乱声"的部分，曲调逐渐进入高潮，音律交错，给听者带来激昂愤慨、如泣如诉的感觉。到了后序部分，旋律又缓缓慢下来。整首曲子让人感受到一种浓烈的战斗气氛，把"聂政刺杀韩傀（侠累）"这个故事中激烈的冲突表现得淋漓尽致，也凸显出聂政"士为知己者死"的侠义精神。

《广陵散》慷慨激昂的气质，使历代名士都对它十分喜爱。这篇列传故事的讲读也提到，在魏晋时期，竹林七贤之一的嵇康在慷慨赴死之前曾饱含深情地弹奏这首名曲。

关于嵇康深爱《广陵散》还有一个传说。嵇康在一次出游中夜宿华阳亭，当他弹琴时，忽然有自称古人的来客求见。嵇康与这位客人畅谈音乐，非常投机。后来，这位客人越发来了兴致，用嵇康的琴弹奏了一首美妙绝伦的乐曲，并将这首乐曲教给了嵇康。这首乐曲就是《广陵散》。嵇康非常喜爱《广陵散》，从不把它教给别人弹奏。在他遭到迫害，临刑之时，他无比深情地最后一次弹奏《广陵散》，一方面表达了自己对黑暗政权的不满，另一方面也是与自己的人生诀别。

48篇

【 刺客列传 】（下）

风萧萧兮易水寒

在司马迁写的这篇《刺客列传》中，压轴人物是刺杀秦王嬴政的大英雄荆轲。

平庸之辈

你是不是觉得刺客都是那种身手矫健，能上天入地，杀人于无形的超级高手？

根据《史记》的记载，荆轲却不是一个功夫高手。荆轲出生在战国时的卫国。卫国是一个很推崇学问的地方，当年出了不少人才，比如商鞅这样的变法政治家，再比如吴起这样的军事家，还有吕不韦这样精明有谋略的大商人。

荆轲年轻的时候非常喜爱读书，也喜欢击剑，只不过他的剑术只能算业余水平。

有一次，荆轲去榆次这个地方拜访一位名叫盖聂的剑术大师。有人研究过这位盖聂，认为他其实是司马迁家的远房亲戚。

盖聂家的剑术世代相传，名气很大。荆轲自不量力，贸然去找大师谈论剑术，盖聂很不以为然，就瞪了他一眼。

这犀利的眼神仿佛严霜利刃，立刻把荆轲震慑住了。荆轲只好草草收场，灰溜溜地退了出去，逃离盖聂所在的榆次城，来到了赵国邯郸。

在邯郸，荆轲遇到一个叫鲁句践的莽汉。两人因为赌钱发生了争执，鲁句践大骂荆轲，荆轲却一声不吭，只是一味地躲着鲁句践。

荆轲不得已来到了燕国，跟一个杀狗的屠夫和一个善于击筑弹琴的人成为朋友。他的这位善于击筑弹琴的朋友名叫高渐离。他们三人整天就在集市里喝得烂醉，旁若无人地大哭大笑。

荆轲给人的印象只是一个平庸之辈，一般人很难发现他这个人的长处。其实，他为人沉稳、大度，与他交友的大多是豪杰长者。只有像燕国田光先生这样的贤人才能一眼看出他绝非等闲之辈。

以死相托

燕国太子丹跟秦王嬴政有私人恩怨。太子丹在偷偷计划一个行刺嬴政的阴谋，幻想行刺成功能够拖缓秦国扩张的脚步，为六国合纵抗秦争取时间。

这件大事怎样做才能成功呢？有人跟太子丹说："欲成大事，得找田光先生商量。"

于是，太子丹恭恭敬敬地拜访田光，向他和盘托出自己行刺秦王的想法。

田光说："我已经老了，你想干成这件事还得依靠荆轲。"

在太子丹的一再请求下，田光答应去劝说荆轲。太子丹送田光出门的时候嘱咐："我刚才对您所说的都是国家大事，请先生千万不要泄露出去。"

田光笑了笑答应道："好！"

田光知道此事非同寻常，是需要豁出命去干的，于是不顾自己年事已高，行动不便，仍旧佝偻着腰背，走到荆轲的住处，请他出山帮助太子丹。

他对荆轲说："太子提醒我不要泄露机密，看来我这个人的品行还有问题，居然让人这么放心不下。请你去见太子的时候告诉他，我这个老头子已经把话给你带到了，接下来就用一死来保守秘密。"说完，田光当着荆轲的面自刎而死。

田光是用生命来激荆轲。荆轲受到田光先生的生命重托，无法推辞，来到太子丹府上报告田光的死讯。太子丹向着荆轲双膝跪地，泪流不止，拜荆轲为上卿，只要荆轲提出要求，一律满足。太子丹是把燕国的希望都寄托在荆轲的身上了。

易水寒风

可是过了很久，荆轲也没有动身入秦的意思。这时赵国被秦将王翦消灭了，战火马上就要烧到燕国。太子丹急得像热锅上的蚂蚁，来找荆轲商量。

荆轲说："我之所以还没去刺杀秦王，是因为缺少两样东西。我没有这两样东西，就无法取信于秦国，制造下手的机会。"

荆轲所说的是哪两样东西呢？第一样东西很容易得手，荆轲要太子丹献上燕国战略要地督亢的地图；第二样东西就有点儿棘手，荆轲要的是秦国流亡将军樊於（wū）期（jī）的人头。

秦王悬赏千金要捉拿樊於期，生要见人死要见尸，樊

名师带你读史记

於期走投无路，前来投奔太子丹。现在荆轲竟然点名要他死，太子丹觉得这是背信弃义之举，实在不忍心下手。

荆轲只好亲自去拜访樊於期，对他说："将军全家都被秦王处决，我能够为将军报这血海深仇，但是需要将军的项上人头，用它求见秦王。只要我有接近秦王的机会，我就能下手为将军报仇。"

樊於期也是一个血性男儿，二话不说，自刎而死。现在，除了田光，荆轲又背负上樊於期以死相托的一条性命。

太子丹为荆轲准备了一把锋利无比的匕首。他命人在匕首上面涂了毒药，见血封喉。他又找来一个叫秦舞阳的勇士给荆轲当副手。秦舞阳十三岁时就杀过人，在燕国没有人敢正眼瞪秦舞阳一眼。

荆轲还是觉得准备不足，约了一位住在远方的朋友同行。太子丹已经等不及了，不停地催促荆轲，甚至问："要不要先派秦舞阳去？"

荆轲大怒，觉得太子丹看不起自己——秦舞阳先去刺秦王，一旦失手，怎么可能有第二次机会？荆轲立刻整装出发。

太子丹和荆轲的好友们穿戴白衣白冠，如同穿着隆重的丧服，来易水河边为荆轲送行。高渐离击筑，荆轲高歌："风萧萧兮易水寒，壮士一去兮不复还！"高亢的歌声让所有人听得毛发冲冠，激动的泪水充满了眼眶。荆轲登车而去，没有回头挥别。

图穷匕见

秦王嬴政听说燕国献上督亢地图和樊於期的人头，心情大好，下令举行盛大朝仪让荆轲觐见。

秦法规定，朝堂上除了大王，所有人不得携带兵器。荆轲把下了毒的匕首卷在督亢地图里，让秦舞阳捧着，自己捧着盛有樊於期人头的盒子，一起上殿。

到了大殿外，秦舞阳在秦国武士的注视下，紧张得直打哆嗦。他觉得自己手里捧着的不是包裹着匕首的地图，而是一块烧红的铁块。

秦国大臣觉得秦舞阳行为古怪。荆轲故意嘲笑秦舞阳："北方的乡下人见到天子的威仪就吓成这样子。"然后，他干脆从秦舞阳手里接过地图，一个人进殿。

荆轲来到嬴政面前，缓缓展开地图的卷轴，为嬴政指示地图上的城池。嬴政正全神贯注地看着地图，没想到地图完全展开时竟然露出了一把寒光闪闪的匕首。

荆轲操起匕首，一把抓住嬴政的袖子。然而，他似乎犹豫了一下，没有马上将匕首刺进嬴政的胸膛。

嬴政大惊失色，慌乱中挣断了袖子，想拔剑，可佩剑太长，一下子没拔出来。嬴政夺路而逃，荆轲在后面紧追不舍。

事出仓促，秦国大臣们都没有带武器上朝，所以无法救驾，一时间陷入手足无措的尴尬境地。

秦王御医夏无且身上背着盛药的小箱子，他就把箱子掷了出去，打中了荆轲的头。大臣们高喊："大王把剑背起来拔！"嬴政被人一提醒，背起剑一拔，利刃出鞘，连连击中荆轲。

荆轲身受八处剑伤，左腿被砍残了，只好用力投出匕首，可惜这最后一击也没中，竟然插入了大殿的桐柱。

荆轲浑身是血，倚靠着大殿柱子坐在地上，一边喘气一边对嬴政说："我刚才没有立刻杀你，是想学当年鲁国的曹沫，逼你答应与燕国订立和约。"说完，荆轲放声大笑。很快，荆轲就被匆匆赶来的秦国武士乱刀杀死了。

是英雄还是暴徒

荆轲不畏生死，独身刺秦王的故事，读起来紧张刺激，仿佛小说、电影中的精彩情节。但是你知道吗？至少《史记》描写的图穷匕见、金殿刺杀这一段是完全没有虚构的。

历史学家们考证出来，荆轲的传记出自司马迁父亲司马谈之手。司马谈在年轻时听前辈董生和公孙季功讲过荆轲刺秦王的故事。而董生和公孙季功曾经和救了秦王一命的夏无且有交情，他们是听夏无且讲的亲身经历。

秦王嬴政大难不死，事后说："无且忠心爱我，才会想到用药箱来扔荆轲。"于是赏赐了夏无且很多黄金。

燕王派人砍了太子丹的头献上求饶。可即便如此，燕国还是在五年后被秦国的铁蹄消灭了。看来荆轲的刺杀行为反而加速了燕国的灭亡。

有人批评荆轲是个暴徒，认为如果他没有迎合太子丹的疯狂计划，燕国或许还能多存在几年。司马迁在《史记》中写荆轲的故事并没有以太子丹的刺秦阴谋为噱头，而是更多地描写荆轲受人之托，忠人之事，刻画了一个大义凛然、不顾生死的光辉形象。人生一世如草木一秋，国家兴衰如沧海桑田，但荆轲这一股壮士一去白虹贯日的气概，却历经千古，不曾磨灭。

成语撷英

图穷匕见

释义：指事情发展到最后，真相或真正的目的显露出来。

《刺客列传》原文：秦王谓轲曰："取舞阳所持地图。"轲既取图奏之，秦王发图，图穷而匕首见。
例句：他图谋不轨，最终图穷匕见，无可挽回。

居有间①，秦将樊於期得罪于秦王，亡之燕，太子受而舍之②。鞠武谏曰："不可。夫以秦王之暴而积怒于燕，足为寒心，又况闻樊将军之所在乎？是谓'委肉当饿虎之蹊'③也，祸必不振④矣！虽有管、晏不能为之谋也。愿太子疾遣樊将军入匈奴以灭口⑤。请西约三晋，南连齐、楚，北购⑥于单于，其后乃可图也。"太子曰："太傅之计，旷日弥久，心惛然⑦，恐不能⑧须臾⑨。且非独于此也，夫樊将军穷困于天下，归身于丹，丹终不以迫于强秦而弃所哀怜之交，置之匈奴。是固丹命卒之时也。愿太傅更虑之。"

注释：
①居有间：间，间隙。过了一会儿。
②舍之：安排他住宿。
③委肉当饿虎之蹊：把肉扔在饿虎会经过的小路上。
④不振：不能拯救。
⑤灭口：让秦国没有进攻我们的借口。

⑥购:"购"通"媾",媾和,建立同盟关系。
⑦惛然:理不出头绪的状态。
⑧能:通"耐",忍耐。
⑨须臾:一会儿。

赏析《咏荆轲》

咏荆轲

【晋】陶渊明

燕丹善养士,志在报强嬴。招集百夫良,岁暮得荆卿。君子死知己,提剑出燕京。素骥鸣广陌,慷慨送我行。雄发指危冠,猛气冲长缨。饮饯易水上,四座列群英。渐离击悲筑,宋意唱高声。萧萧哀风逝,淡淡寒波生。商音更流涕,羽奏壮士惊。心知去不归,且有后世名。登车何时顾,飞盖入秦庭。凌厉越万里,逶迤过千城。图穷事自至,豪主正怔营。惜哉剑术疏,奇功遂不成。其人虽已没,千载有馀情!

陶渊明创作的这首《咏荆轲》取材于《刺客列传》。在这首诗中,他不仅简单陈述了荆轲刺秦王的来龙去脉，还表达了对慷慨悲歌的荆轲的敬仰。

　　陶渊明首先以大量的笔墨，细致入微地描写荆轲易水出燕，慷慨入秦的过程，极力烘托出悲壮的氛围；其次"图穷事自至，豪主正怔营"略写了"荆轲刺秦王"这个故事的高潮——荆轲行刺失败。在这两句简短而实则有力的句子中，他简明扼要地介绍了荆轲准备用藏在地图中的利刃刺杀秦王的计谋，着力刻画出秦王的慌张惊恐，从侧面烘托出荆轲的果敢与威慑，迅疾有力地将诗歌推向高潮。在有限的篇幅里，陶渊明将故事情节的详略安排得非常得当：只关注主要矛盾，精雕细琢，而对荆轲被秦王左右击杀等次要情节只字不提，精准地刻画出荆轲不畏艰险、慷慨赴死的英雄形象，表达了自己对英雄的敬仰和佩服。

49篇

【 李斯列传 】

"官仓鼠"的一生

　　大秦丞相李斯是一个才华横溢的读书人。他能言善辩、足智多谋，还写得一手好书法。

　　以李斯的成就，把他放在中国历史上任何一个朝代，都算得上是一等一的杰出人物。

　　司马迁觉得，李斯辅佐秦始皇统一天下，这份功劳简直可以跟帮助周武王伐纣的两大功臣周公旦、召公奭（shì）相提并论。

　　但是有一说一，他也是让秦朝短命的罪魁祸首之一。让我们来看看，李斯到底是功臣，还是罪人。

　　我们讲李斯的故事，得从他从小立下的志向说起。

望鼠兴叹

李斯的老家在楚国上蔡，就是今天的河南驻马店。年轻时的李斯有很多的烦恼，这些烦恼归根结底就一个字——"穷"。

他在老家当过一阵子官府的小听差。他曾看到官衙厕所里的老鼠，即使吃着肮脏的食物，仍旧担心院子里的狗来追，过着提心吊胆的生活；而官府米仓里的老鼠，却可以关起门吃粮食，一个个吃得脑满肠肥，从没有人来打搅它们的岁月静好。

李斯感慨，人应该跟米仓里的老鼠学一学，一定得找好自己的安身之所啊！他不甘心当厕所里的老鼠，一心想要找到属于自己的"米仓"，于是辞官离乡，去投奔当时天下第一的大学者荀子，学习出人头地的本领。

他从老师那里学会了帝王之术以后，看问题的见解又比当初"望鼠兴叹"时更高深了一层。他分析天下的形势，认为积贫积弱的祖国楚国仿佛是个臭茅坑，自己想要建功立业必须去秦国——那里才是天下最好的"米仓"。

在向老师辞行的时候，他坦露了心中的志向："身处卑贱之地，不去力争上游，就好比别人打到了猎物，自己只有眼馋的份儿。一个人混到这个地步还算得上是个人吗？这世上最令人羞耻的事，就是身份低贱；最让人伤心的事，就是穷困潦倒。有本事的人不应该过与世无争、安贫乐道的生活。因此，我要西行去游说秦王。"

就这样，李斯这个出生在上蔡的乡下人来到了咸阳。不过，他没有立即见到秦王，而是在丞相吕不韦的家里当了一个门客。虽然李斯总算做到了衣食无忧，但他根本无法对现状感到满足，他要的是出人头地。

于是，他在相府里加倍努力，终于获得了吕不韦的青睐，被吕不韦保举，做了秦王嬴政身边的侍从。

李斯借着陪大王读书的机会，献上了他一直深思熟虑的计谋：怂恿秦王向东方六国派出间谍，用金银财宝收买名士大臣，离间诸侯君臣的关系；如果遇到金钱收买不了的"硬骨头"，就干脆要他的命。

李斯出的这个一手财宝，一手匕首的计策，加速了东方六国的瓦解。 赵国的老将廉颇就是因为李斯买通了赵国的奸臣郭开，才无法重新获得重用。嬴政因此对李斯十分赞赏，提拔他为丞相府的长史，这可是丞相手下的实权官职！

韩非之死

正当李斯平步青云的时候，他的仕途突然走到了一个十分突兀的拐点——他的靠山吕不韦倒了。

原来，秦王嬴政把阻碍自己专权的吕不韦扳倒了。吕不韦本来不是秦国人，秦国的传统贵族们都想借着吕不韦倒台这个由头把朝廷里所有的外国人赶走。他们认为这样就能保证自己的利益了。于是，秦国颁布了逐客令，李斯也在被驱逐之列。

俗话说，狗急了跳墙，兔子急了也会咬人。李斯走投无路，向秦王嬴政上了一篇《谏逐客书》。在这篇文章中，他向秦王说明了一个道理：**很多东西虽然不是出自秦国，却是不可多得的宝贝，很多贤士也不是在秦国出生的，但是他们却愿意效忠秦国。**这篇文章文辞优美，说理晓畅，被后世评价为先秦文笔第一。

嬴政读了这篇文章，连连叫绝，不仅立刻废除了逐客令，还顺势提拔李斯做了廷尉，这可是掌管秦国司法的最高职位。

经过这场逐客风波，李斯找到了新的靠山——秦王嬴政，现在应该没有人能威胁到他的地位了吧。

有一天，有人给嬴政进献了几篇文章，嬴政一读便拍案叫绝："这究竟是谁写的文章？要是能有机会跟这位作者交朋友，我死而无憾！"

李斯瞥了一眼竹简说："禀告大王，这篇文章的作者是我的同学韩国公子韩非。"

嬴政为了见到韩非，不惜派军队威胁韩国。逼迫之

名师带你读史记

·52·

下，韩王只好派韩非出使秦国，希望他能打动秦王，放韩国一马。

韩非出使秦国，让李斯隐隐约约感到了威胁：一来韩非此来的目的是为了保全韩国，跟李斯之前提出的离间六国、加速统一的方针背道而驰；二来，他担心韩非比自己更有才华，将来会危及自己的地位。

韩非有口吃的毛病，刚到秦国时，并没有获得嬴政的信赖。李斯抓住机会，向嬴政进谗言："韩非身为韩国公子，自然一切都是为韩国打算，此乃人之常情。如果才干非凡的韩非不能真心为秦国所用，我们让他回国就等于放虎归山，大王不如除掉他比较保险。"

嬴政一直十分倾心于韩非的治国学说，也担心韩非的政策一旦在韩国得到推行，会对秦国非常不利。李斯的话像一股有毒的风，助长了嬴政心中怀疑的根苗。

就这样，韩非突然从秦国的座上宾变成了阶下囚。李斯怕嬴政改变主意再次重用韩非，派人给韩非送去毒药，把老同学逼死在了监狱里。嫉妒心让李斯这只"官仓鼠"变得丑恶无比。

物极必反

李斯的人生际遇随着秦国统一天下达到了顶峰——秦

始皇封李斯做了大秦帝国的丞相，至此李斯真正做到了一人之下，万人之上。

李斯的儿子们都娶了公主为妻，女儿们全都嫁给秦国诸公子为妻。一天，长子李由从外地回家，李斯举办家宴，朝廷百官乘着车马在李斯家外排着队送礼道贺。李斯不禁长叹："我曾经听老师荀子说：'凡事都不能太过头。'我本来是上蔡布衣，到今天可谓是富贵到极点了。物极必反，我不知将来会有怎样的结局啊。"李斯深深明白自己是因为得到了秦始皇的信任才能够富贵至此的。

常言道，人生无常。秦统一天下才十一年，秦始皇在巡游天下的时候，竟然在当年赵武灵王被饿死的沙丘这个地方驾崩了。李斯突然慌了手脚——他下一步要怎么走，才能保住自己的地位呢？

这时候，宦官赵高拿着秦始皇的遗诏来到李斯面前，幽幽地说："丞相，天下大事现在就由你和我两个人说了算了。"原来，赵高正在密谋篡改秦始皇让大儿子扶苏继位的遗诏，改立小儿子公子胡亥为二世皇帝。

李斯一听吓得冷汗直冒。赵高早就摸清楚了李斯的底细，引诱他说："公子扶苏现在跟大将蒙恬一起在边关。丞相你考虑一下，你跟公子扶苏的关系能和公子扶苏和将军蒙恬的关系相比吗？将来，公子扶苏如果即位，一定让将军蒙恬取代你的位置。公子胡亥这孩子是我一手教出来的，人品没的说。如果你今天拥戴公子胡亥即位，他一定对你感恩戴德，那么丞相的位置自然还是你的。"

李斯一时陷入了左右为难的窘境，但是为了富贵，他最后还是被强势的赵高牵着鼻子走，上了赵高和胡亥的"贼船"。他发出假诏书，逼公子扶苏和将军蒙恬自尽，一手把不学无术的公子胡亥扶上了秦二世的宝座。

临终哀叹

然而，狡猾的赵高早就给李斯设下了陷阱。李斯自以为保住了富贵，其实一只脚已经踏进了鬼门关。

赵高怂恿秦二世穷奢极欲，整天躲在深宫里享乐，不管朝廷上的事。大臣如果有什么事要启奏，都得通过赵高。这样，赵高就等于把皇帝掌控在自己的手掌中。赵高挟天子以令大臣，李斯虽然是丞相，也无法与能口传圣旨的赵高匹敌。

接下来，赵高就开始挑拨秦二世和李斯的关系。李斯看秦二世成天胡来，即使听说陈胜和吴广在大泽乡造反了也不管，心急如焚，一直想求见秦二世。

赵高要了一个鬼心眼儿，专挑秦二世玩儿得最欢的时候让李斯来报告公务。秦二世被李斯连续打扰了几次，心里早就烦了：丞相李斯是怎么回事？朕没事，他不来，他是专挑朕玩儿得最开心的时候来扫兴的！

李斯也不蠢，他感觉到秦二世对自己态度的变化，恍然意识到自己中了赵高的鬼圈套。于是他直接撕破了脸，上书告发赵高是个玩弄权术的奸臣小人。糊涂的李斯哪里知道，他这时候告发赵高已经迟了，因为赵高马上反咬一口，说李斯仗着自己位高权重，有篡位的野心：现在东方出了陈胜、吴广这些蟊贼，李斯的儿子是地方最高长官，不仅不去剿灭贼人，还跟他们暗中勾结，足见李斯包藏祸心。

昏庸的秦二世只听赵高一面之词，就把李斯下了大狱。

赵高一心置李斯于死地，他怕秦二世又念及李斯从前的功劳饶了李斯，就用了一条毒计：赵高先派自己的手下去审讯李斯，只要李斯申辩自己无罪就往死里打，李斯被打怕了，后来秦二世派人来提审李斯，李斯以为又要挨打，吓得不敢多说一句话。

官员认为李斯彻底认罪了，就回去报告秦二世："丞相李斯对所犯罪行供认不讳。"秦二世一听，立刻下令："没想到一本正经的李斯真是坏人，杀！"李斯全家被判处腰斩的酷刑。

在刑场上，李斯哭着对儿子说："真想回到从前，跟你们在老家一起牵着黄狗去打兔子，可惜再也办不到啦。"

李斯对秦朝的功劳很大，但这所谓的功劳，说白了只是他为了个人的功名利禄所做的努力。

面对大权在握的君主，李斯丝毫没有主见，只知道顺着主子的意思来办事。秦始皇焚书坑儒、大兴土木，都得到了李斯的极力支持。李斯就像是秦始皇的一条狗，只要听到有不顺从秦始皇的意见，就会跳出来狺（yín）狺狂吠、严加斥责。总之从他嘴里说出来的话，都是皇帝想干的事。他作为丞相，丝毫不关心天下黎民百姓的真实感受，因为百姓给不了他荣华富贵。

李斯为了取悦秦二世这个荒淫无道的新皇帝，居然还上书建议加重刑法。最后，变本加厉的高压政策逼得天下老百姓揭竿而起。所以说，李斯这只自私的"官仓鼠"是葬送秦朝的罪魁祸首之一。

移风易俗

释义：指改变旧的风俗习惯。

《李斯列传》原文：孝公用商鞅之法，移风易俗，民以殷盛，国以富强，百姓乐用，诸侯亲服，获楚、魏之师，举地千里，至今治强。

例句：这里老年人很多，移风易俗不是一件容易的事。

人人自危

释义：原义是每个人都觉得有危险，因而心存警惕；形容因害怕而不安。

《李斯列传》原文：法令诛罚日益刻深，群臣人人自危，欲畔者众。

例句：大家都茫然地看着这一片狼藉，人人自危。

赵高案治李斯。李斯拘执束缚，居囹圄①中，仰天而叹曰："嗟乎，悲夫！不道之君，何可为计哉②！昔者桀杀关龙逢，纣杀王子比干，吴王夫差杀伍子胥。此三臣者，岂不忠哉，然而不免于死，身死而所忠者非也。今吾智不及三子，而二世之无道过于桀、纣、夫差，吾以忠死宜矣。且二世之治岂不乱哉！日者③夷④其兄弟而自立也，杀忠臣而贵贱人，作为⑤阿房之宫，赋敛天下。吾非不谏也，而不吾听也。凡古圣王，饮食有节，车器有数，宫室有度，出令造事，加费而无益于民利者禁，故能长久治安。今行逆于昆弟⑥，不顾其咎⑦；侵杀忠臣，不思其殃；

大为宫室，厚赋⑧天下，不爱其费⑨：三者已行，天下不听。今反者已有天下之半矣，而心尚未寤也，而以赵高为佐，吾必见寇至咸阳，麋鹿游于朝也。"

注释：
①囹圄：大牢。
②何可为计哉：还能帮他想什么计策呢。
③日者：以前。
④夷：平掉，诛杀。
⑤作为：建造。
⑥昆弟：兄弟。
⑦不顾其咎：咎，罪孽，恶果。不顾一切地犯错、做坏事。
⑧厚赋：加重赋税。
⑨不爱其费：爱，吝惜。毫不吝惜地浪费民生资源。

《谏逐客书》

在这一篇中，我们了解到李斯创作了一篇很有名的文章——《谏逐客书》。这篇文章立意高远、逻辑缜密、举例生动、雄辩滔滔、字字珠玑，现在我们就一起来读读吧。

谏逐客书

【秦】李斯

臣闻吏议逐客，窃以为过矣。昔缪公求士，西取由余于戎，东得百里奚于宛，迎蹇叔于宋，来丕豹、公孙支于晋。此五子者，不产于秦，而缪公用之，并国二十，遂霸西戎。孝公用商鞅之法，移风易俗，民以殷盛，国以富强，百姓乐用，诸侯亲服，获楚、魏之师，举地千里，至今治强。惠王用张仪之计，拔三川之地，西并巴、蜀，北收上郡，南取汉中，包九夷，制鄢、郢，东据成皋之险，割膏腴之壤，遂散六国之从，使之西面事秦，功施到今。昭王得范雎，废穰侯，逐华阳，强公室，杜私门，蚕食诸侯，使秦成帝业。此四君者，皆以客之功。由此观之，客何负于秦哉！向使四君却客而不内，疏士而不用，是使国无富利之实而秦无强大之名也。

今陛下致昆山之玉，有随、和之宝，垂明月之珠，服太阿之剑，乘纤离之马，建翠凤之旗，树灵鼍之鼓。此数宝者，秦不生一焉，而陛下说之，何也？必秦国之所生然后可，则是夜光之璧不饰朝廷，犀象之器不为玩好，郑、卫之女不充后宫，而骏良駃騠不实外厩，江南金锡不为用，西蜀丹青不为采。所以饰后宫充下陈娱心意说耳目者，必出于秦然后可，则是宛珠之簪，傅玑之珥，阿缟之衣，锦绣之饰不进于前，而随俗雅化佳冶窈窕赵女不立于侧也。夫击瓮叩缶，弹筝搏髀，而歌呼呜呜快耳者，真秦之声也；郑、卫、《桑间》《昭》《虞》《武》《象》者，异国之乐也。今弃击瓮叩缶而就郑、卫，退弹筝而取《昭》《虞》，若是者何也？快意当前，适观而已矣。今取人则不然。不问可否，不论曲直，非秦者去，为客者逐。然则是所重者在乎色乐珠玉，而所轻者在乎人民也。此非所以跨海内制诸侯之术也。

臣闻地广者粟多，国大者人众，兵强则士勇。是以太山不让土壤，故能成其大；河海不择细流，故能就其深；王者不却众庶，故能明其德。是以地无四方，民无异国，四时充美，鬼神降福，此五帝、三王之所以无敌也。今乃弃黔首以资敌国，却宾客以业诸侯，使天下之士退而不敢西向，裹足不入秦，此所谓"藉寇兵而赍盗粮"者也。

夫物不产于秦，可宝者多；士不产于秦，而愿忠者众。今逐客以资敌国，损民以益雠，内自虚而外树怨于诸侯，求国无危，不可得也。

【 张耳陈馀列传 】

相爱相杀的好朋友

《张耳陈馀列传》讲的是一对好朋友反目成仇的故事。**历史上，在楚汉相争的关键时刻，张耳、陈馀是两个举足轻重的人物。** 他们两人的关系可以用相爱相杀来形容。在乱世当中，他们两人的私人关系显现出人性的复杂，也影响着历史的走向。

刎颈之交

张耳和陈馀原本都是魏国大梁人。张耳年轻时当过信陵君魏无忌的门客，侠义之名在魏国广为流传。后来，张耳娶了一个财主家的女儿，变成了富翁。他也学着信陵君招揽门客，从此名声越来越大，居然还做上了魏国的一县之长。

像张耳这样的人，在战国、秦汉时期有一个特别的名称——豪强，代表贵族和官府之外的一股重要的民间势力。老百姓如果遇到什么麻烦事，都愿意找这些豪强来解决。老百姓认为找豪强出面解决纠纷比找官府断案省时省力，因此，豪强们在地方上有着非常高的威望。

张耳的赫赫威名早就传到魏国之外，天下的英雄豪杰纷纷来投靠他。刘邦年轻时游手好闲，也曾拜张耳为大哥，在张耳家里混过几个月。可惜，张耳没有未卜先知的本领，没料到毫不起眼的刘邦在日后竟然成了真命天子。

在所有门客里，张耳最欣赏的人是陈馀。他们两人意气相投，结为刎颈之交。所谓刎颈之交，就是可以同生共死，一起自刎的交情。

秦朝统一天下，实行严刑峻法，哪里能容地方豪强与国家机器分庭抗礼？官府下定决心要把这些"地头蛇"全部铲除！张耳和陈馀的名字也在朝廷的通缉令上。

张耳和陈馀只好隐姓埋名，潜逃到陈县这个地方，当了里舍的监门——相当于现在的小区门卫。有一次，衙门的公差经过，看陈馀不顺眼，就用鞭子抽他。陈馀是个暴脾气，根本受不了这份侮辱。他怒从心头起，恶向胆边生，准备拿把刀把这狗公差扎透，来个白刀子进红刀子出，多么爽快！可是，张耳却死死抱住他，不让他行凶。

等公差撒完了气，张耳把陈馀拉到大树下教训："我们当初约好同生共死，你现在却为这么一个小小的公差，就准备不要性命啦？"

陈馀一向尊敬张耳，把他当作父亲，自然也把张耳说的话牢记在心里。就这样，曾经威震一方的豪强忍气吞声，在陈县安顿了下来，一住就是十年。

赵国双雄

到了秦二世即位那一年，陈胜、吴广在大泽乡起义，打进了陈县。陈胜早就听说过张耳的大名，没想到竟然能在陈县见到张耳和陈馀，非常高兴。张耳和陈馀一下子信心倍增，认为自己终于等到了干大事的机会。

陈胜在陈县自立为楚王。陈馀主动请缨，要带兵去收服黄河以北的郡县。可是，陈胜对曾经颇有威望的张耳、陈馀一直抱有戒心，把攻略河北的重任交给了亲信武臣。张耳、陈馀只能在武臣手下当个校尉，带着区区三千人马一同渡河，去劝降燕赵两地。张耳、陈馀就是这样被卷入纷争的历史风暴中的。

这时候，各地的起义军如同燎原野火，席卷天下。但是，这些起义军都在为了自己的利益争抢地盘，彼此钩心斗角。张耳、陈馀拿下了赵地几十座城池，态度逐渐强硬起来，难以屈居人下。特别是陈馀，一直对陈胜没封他当大将这件事耿耿于怀。

张耳和陈馀就去撺掇武臣："将军现在坐拥整个赵国，为什么不学陈胜也自立为王呢？"张耳、陈馀的话算说到武臣心里了——他早就有这打算。于是，武臣当机立断，自称赵王，封张耳为丞相，封陈馀为大将军。这下大家都风光了。

陈胜听说武臣自立为王的消息，气得暴跳如雷，要把武臣、张耳和陈馀留在陈县的家属全部杀光，以泄心头之恨。

大臣赶紧劝说陈胜："我们现在最大的敌人还是暴秦。您如果杀了武臣他们的家人，就是与他们彻底决裂，这不是凭空又给您自己树了新的敌人吗？您还不如留下活口，把他们的亲人当成人质，一举两得。"陈胜一听有道理，就先咽下了这口恶气。

武臣轻而易举当上了大王，立刻飘飘然了，结果很快就遭遇了手下将士的叛变，死于非命。张耳和陈馀幸亏提前得到小道消息，才逃出生天。

为了稳定人心，张耳和陈馀找来战国时赵王的后代，把他推上王座，利用赵国百姓怀念故国的情绪，组织起一支几万人的军队，镇压了叛变。从此，赵国的文武大权，就被张耳和陈馀牢牢地掌握在自己手里，赵王不过就是个傀儡罢了。

反目成仇

秦军大将章邯巧妙地利用起义军之间的矛盾各个击破，消灭了陈胜和吴广。秦国铁骑转头就来攻打赵国，把赵王和张耳团团包围在巨鹿城内。

这时陈馀在城外征兵，聚集了几万人马。巨鹿城危如累卵，张耳心急如焚，不断派人去催陈馀前来解围。陈馀深通兵法，知道自己临时拼凑的这几万人马如果去跟章邯大军硬拼，就如同飞蛾扑火。所以，他一直按兵不动。

赵王和张耳在巨鹿城内被秦军围困了几个月，陈馀的人马就在巨鹿城北，近在咫尺却不来援救。张耳气急败坏，派了两个亲信突围到陈馀军中搬救兵。他让两人带信给陈馀说："我们是刎颈之交，现在我和赵王命在旦夕，你却不来搭救，你还有当初同生共死的义气吗？如果你是言而有信的人，就跟秦军决一死战，说不定我们还能有一线生机。"

陈馀解释说："我去硬拼也救不了巨鹿，只会白白送

列传・秦汉鼎革

死。我现在之所以不跟章邯拼命，是想留着这条命，将来能为你和赵王报仇雪恨啊。"

张耳的两个亲信见无法完成任务，不肯善罢甘休。陈馀没办法，只好摊牌说："我给你们五千士兵，你们自己去试试吧。"两个亲信不见棺材不落泪，不撞南墙不回头，真带兵去拼了，结果全都惨死在秦军的铁蹄之下。幸好项羽率军及时赶来援救，破釜沉舟，一举击溃了秦国大军，解了巨鹿之围。

张耳和陈馀劫后重逢，早已忘记了当初刎颈之交的情谊，反目成仇。张耳恨陈馀见死不救，还怀疑他害死了自己派去的使者。无论陈馀怎么解释，张耳就是不听。

陈馀的暴脾气也犯了，怒吼道："你这么爱指挥别人，以后就由你来带兵打仗吧！"说完，他索性解开身上带着的将印扔给张耳，扭头走了。

张耳没想到陈馀会辞职不干，捧着将印不知如何是好。身边有个谋士偷偷凑近张耳说："大印代表赵国的最高兵权啊。现在老天爷让您把这兵权收回来，您不接着，将来可是会受惩罚的。"张耳这才定了定神，把印收在身上。

陈馀本想以退为进，先让张耳冷静下来审时度势之后，再来求自己重掌兵权。过了一会儿，陈馀觉得张耳应该想明白了，可没想到张耳居然不念旧情，真把自己的兵权给收走了。这下两个好朋友彻底一拍两散,陈馀闹辞职弄假成真,干脆带着几个手下隐居钓鱼去了。

相爱相杀

张耳抱上了大救星项羽的大腿,跟着项羽一同打进了咸阳城。项羽当上西楚霸王,在分封诸侯时,为了表示对张耳的器重,废掉了傀儡赵王,把赵国土地都封给张耳,让他当了常山王。

陈馀虽然也曾是赵国的大功臣,却因提前离场,没有跟从入关,只得到了三个县。陈馀对项羽这般厚此薄彼大为光火。他去向同样不服项羽的齐国借兵。他这么做不是为了找项羽算账,而是要找曾经的生死之交张耳的麻烦。说白了,陈馀根本接受不了张耳过得比自己好这件事。

陈馀赶跑了张耳,又把赵王接了回来。张耳净身出户,听说当年的老交情刘邦明修栈道,暗度陈仓,又占了关中,赶紧去投奔。

刘邦一见到当年的大哥张耳,特别高兴,甚至立马与张耳结为亲家——把自己的女儿嫁给了张耳的儿子。

刘邦这时正处心积虑谋划反攻项羽,他派出信使联合各路诸侯,请大家一同发兵攻打项羽的老巢彭城。

陈馀接到刘邦的信，答复说："刘邦只需要满足我一个条件，赵国就会派兵——拿张耳的人头来。"

但是，刘邦不可能砍亲家的脑袋，只好杀了一个像张耳的人，冒名顶替。陈馀立刻识破了这花招，赵国与刘邦从此决裂。

我们必须承认，张耳投靠刘邦这一步是走对了。刘邦派大将韩信从关中出发，讨伐赵国，张耳当副将。汉军跟陈馀率领的赵军在太行山井陉口展开决战。陈馀不敌韩信，战死沙场。在韩信的帮助下，张耳蹚着陈馀的鲜血，重登赵王的宝座。无论是曾经的刎颈之交，还是后来的生死仇家，都已经灰飞烟灭。张耳和陈馀相爱相杀的故事就此画上了句号。

在楚汉争霸的过程中，张耳和陈馀是叱咤一时的风云人物。他们虽然曾有刎颈之交，但是这友谊只是听起来轰轰烈烈，其实却是"势"与"利"两个字撮合的合作关系。这两个人一旦经历危机，他们徒有虚名的交情马上就破碎了，双方为了各自的利益互相捅刀。从古至今，类似这样的势利之交不在少数。司马迁在《史记》中记录张耳和陈馀反目成仇的故事，其寓意不言而喻。

刎颈之交

释义：指可以同生死、共患难的朋友。

《张耳陈馀列传》原文：馀年少，父事张耳，两人相与为刎颈交。

例句：他们做了三十多年的朋友，绝对算得上是刎颈之交。

民不聊生

释义：聊，依靠，凭借。本义指百姓没有办法生活下去，形容生活非常困难。

《张耳陈馀列传》原文：北有长城之役，南有五岭之戍，外内骚动，百姓罢敝，头会箕敛，以供军费，财匮力尽，民不聊生。

例句：那个小国连年征战，导致民不聊生。

陈中豪杰父老乃说陈胜曰："将军身被坚执锐，率士卒以诛暴秦，复立楚社稷，存亡继绝，功德宜为王。且夫监临①天下诸将，不为王不可，愿将军立为楚王也。"陈胜问此两人，两人对曰："夫秦为无道，破人国家，灭人社稷，绝人后世，罢②百姓之力，尽百姓之财。将军瞋目张胆③，出万死不顾一生之计④，

为天下除残⑤也。今始至陈而王之，示天下私⑥。愿将军毋王，急引兵而西⑦，遣人立六国后，自为树党⑧，为秦益敌也。敌多则力分，与⑨众则兵强。如此野无交兵，县无守城，诛暴秦，据咸阳以令诸侯。诸侯亡而得立，以德服之，如此则帝业成矣。今独王陈，恐天下解⑩也。"陈胜不听，遂立为王。

注释：
①监临：监督，节制。
②罢："罢"通"疲"，消耗。
③瞋目张胆：瞪起眼睛，鼓起勇气。
④出万死不顾一生之计：不惜付出生命的代价。
⑤除残：除掉残暴势力。
⑥示天下私：让别人以为这样做是为了自己称王。
⑦西：向西攻取秦朝都城咸阳。
⑧自为树党：为自己广交盟友。
⑨与：同伙。
⑩解：散伙。

秦末大将章邯

这一篇提到了一位秦国大将章邯，他不仅巧妙地利用起义军之间的矛盾各个击破，消灭了陈胜和吴广，还来攻打赵国，把赵王和张耳团团包围在巨鹿城内，导致张耳与陈馀这对刎颈之交最终走向决裂。现在，我们就来简单了解一下大将章邯。

章邯是秦末的名将，一生战绩颇多，少有败绩。

公元前209年，即秦二世元年，九月，陈胜和吴广率领农民起义军揭竿而起，反抗秦朝的暴政。一时间，各地农民起义军纷纷响应，推翻秦朝的斗争风起云涌。六国旧地也趁着这个势头，复辟战国时期的名号，纷纷卷土重来。

时任秦朝少府的章邯，就是在这种社会背景下走到了历史舞台的中心。此时的秦朝已经走向没落，章邯作为统帅并没有像样的军队，只能受命统领骊山的刑徒及奴产子，迎击农民起义军。章邯具有很高的军事素养，即使率领乌合之众，也能够把陈胜手下大将周章带领的军队打得节节败退。

章邯击溃周章的队伍后，又陆续消灭陈胜手下的田臧、李归、邓说、伍徐等大将率领的部队。章邯连战连捷，最终率领他的由囚徒组成的军队直逼楚国首都陈县。在陈县，他杀掉了柱国蔡赐和将领张贺，逼迫自称为楚王的陈胜逃离陈县。

后来，章邯乘胜追击，杀掉反秦武装的首领齐王田儋、魏王魏咎、楚武信君项梁，最后率领部队渡河进攻赵国。他把赵王和张耳围困在巨鹿城内长达几个月，几乎把赵国逼到了山穷水尽的地步。然而，项羽最终赶到巨鹿，在巨鹿之战中击败兵困马乏的章邯部队。这是章邯第一次败给项羽。

在巨鹿之战后，章邯率领的部队在漳水、汗水一带又一次被项羽击败。这次，章邯因为对秦朝政权彻底失望，选择投降项羽，随项羽入关。项羽将关中之地分给三位秦朝大将：章邯、司马欣和董翳，分别封他们为雍王、塞王、翟王，所以他们的政权又被称为"三秦"。这也是后世称陕西为"三秦大地"的来源。

公元前206年，即汉元年，八月，汉王刘邦还定三秦，屡次击败章邯。章邯被逼无奈，退保废丘城，随即被汉军围困。公元前205年六月，废丘城被刘邦攻破，章邯被逼自杀，最终在历史舞台上留下了一个悲壮无奈的背影。

列传·秦汉鼎革

【 魏豹彭越列传 】

刘邦的朋友和敌人

秦末大乱,群雄逐鹿。在纷纷扰扰的国际格局中,诸侯们奉行的处世哲学很像我们现在常说的一句话——"没有永恒的朋友,只有永恒的利益"。在封帝之路上,刘邦与其他诸侯的关系从对手变为盟友,又从盟友变为敌人都是稀松平常的事情。在这篇故事中,我们一起来了解在楚汉相争这出大戏里,魏豹、彭越这两位魏国大人物的命运沉浮吧。

忘恩负义

魏豹出身魏国王室。陈胜吴广起义,带着老百姓造秦二世的反，像魏豹这样被秦朝灭国的旧贵族也个个摩拳擦掌，想趁机恢复从前"人上人"的身份。

魏豹跟着大哥魏咎投靠陈胜，魏咎被委任为魏王。可是，魏氏兄弟没过几天好日子，就被秦朝大将章邯收拾了，魏咎被迫自焚而死。我们前面提到过，章邯率领的秦国大军，势不可挡，所向披靡，不仅收割了陈胜、吴广等人的人头，还顺手把刚复辟的魏国连根拔起。

风云变幻，世事难料。很快，章邯的强劲势头急转直下，章邯军被楚霸王项羽在巨鹿城下击溃。如同丧家狗的魏豹一下子找到了依靠。项羽分给魏豹几千人马，让他去收复魏国失地。此时，章邯投降了项羽，秦军看到义军的旗帜都没了斗志，望风而逃。魏豹轻轻松松拿下了几十座城池，替项羽西入函谷关打了前站。

项羽率领十八路诸侯进关中，魏豹也在其列。秦朝覆灭，魏豹觉得凭自己的出身和功劳，应该继承魏王大位。可他没想到，项羽定都彭城后，又看中了魏国大梁这块富饶的土地，毫不客气地把魏国据为己有了。

项羽把魏豹赶到了山西黄河边，粉饰道："这里是从前魏国西境的土地，你就去当个'西魏王'吧。"

魏豹对这件事一直耿耿于怀，恨透了项羽，把当初项羽在自己危难之中伸手援助的旧恩全都抛到九霄云外去了。

刘邦竖起讨伐项羽的旗帜，邀集诸侯们加入自己的阵营，魏豹立刻报名，甚至把西魏的家底全都交给了汉王刘邦。但是，在项羽奇袭刘邦联军成功以后，他这个汉军的急先锋却吓破了胆，觉得自己加入汉军实在太草率了。

魏豹思来想去，装出一副可怜相来向刘邦请假："八十岁的老母亲生病，我得赶紧回去，不然就见不上最后一面了。"

此时正是刘邦需要人手的时候——刘邦正忙着收拾诸侯残兵在荥（xíng）阳跟项羽对峙。可是俗话说，百善孝为先，刘邦觉得不让人回家看望老母亲就太没人情味了。魏豹就这样脚底抹油——溜了。他一到老家，马上宣布独立——不跟刘邦干了！

一命呜呼

魏豹敢在项羽和刘邦之间反复横跳，丝毫不觉得尴尬，倒显出了不同寻常的胆量和气魄。话说，他的"迷之自信"其实来自一件奇事。在当上西魏王以后，魏豹先要为自己张罗一个"后宫班底"，广纳嫔妃。他很迷信，请来了著名的看相师许负许老太太给嫔妃们相面，占卜吉凶。

我们在前面的故事里提到过这位许负，她为周亚夫看过相，铁口直断，竟然说准了周亚夫一生的命运。许负在这群如花美眷中左看看、右瞧瞧，相中了一位姓薄的妃子。她啧啧称赞："真是大富大贵的相！她生的儿子将来一定能当天子！"

魏豹听了，心里乐开了花："儿子是天子，那我就是天子的老子嘛！"

但是，魏豹还没等薄妃怀上娃，就先等到了汉军大将韩信的进攻。韩信出其不意地渡过黄河，杀到了魏豹的地界。魏豹沦为阶下囚，被装进笼车送到了荥阳，等候刘邦发落。

项羽围攻荥阳，刘邦避其锋芒躲回后方，把魏豹交给荥阳守将看管。城防吃紧，守将们担心魏豹这个反复无常的小人又整出什么幺蛾子来，决定一了百了，杀了他最省事。魏豹没有当上天子的老爹，却迎来了惨淡的下场。我估计，他在临死之前，可能会感慨："果然看相的都是骗人的！"魏豹哪里想得到，那位被许负看过相的薄妃，后来被刘邦纳入了后宫。她的儿子就是著名的汉文帝刘恒。

草寇将军

彭越也算是魏国人，只不过他的出身比魏豹差远了，是大湖巨野泽里的一个渔夫。彭越被秦朝的苛政逼得活不下去，沦为栖身水泊的强盗。

陈胜和吴广在大泽乡起义的消息传到巨野泽，激起了一些年轻人的斗志，他们个个都想有样学样。彭越却冷静地劝大家："这是两龙相斗啊，我们还是先看看形势再说。"

果然天下风云瞬息万变，各路义军粉墨登场。在跟秦朝大军的拉锯中，首举大义的陈胜死了，异军突起的项梁也死了，巨野泽的那些人却保全了性命。大家佩服彭越的沉着冷静，都推举他当头儿，来领导大家。

彭越把头摇得跟拨浪鼓似的，拒绝道："不行不行，我只是比你们多吃几年米，不够资格当头儿。"

可是，大家都想趁着乱世干一番大事，非要彭越来带头。彭越仿佛十分为难，三推四阻之后，只好勉强答应下来。他和大家约定："我们就算拉起一支队伍了。守纪律对队伍最重要。明天日出，我们正式誓师出兵，谁要是迟到，就算违反军令，违令者斩！"

青年强盗们哪懂什么军令，凑热闹似的附和叫好。

第二天一大早，果然有人赖床不起，错过了集合的时间。大家磨磨蹭蹭、拖拖拉拉，竟然到了中午才全部到齐。

彭越沉着脸说："我本来就不想当这个头儿，你们非要让我当。我当了头儿下第一道命令，就有这么多人不当回事。我要是不按军法处置,就没法带这队伍。今天,我就把最晚到的人斩首,以正军法吧!"

青年强盗们都把军令当成儿戏,还有说有笑,不当回事,直到彭越把最后到的那个人从队伍里拖出来,当着大家的面一刀砍飞了脑袋,鲜血溅到周围人的身上,大家才被吓得呆立当场,不敢吭声。

彭越认为自己没有贵族和豪强的身份,想要在众人面前树立绝对的威信,只能采用极端的手段。年轻的草莽们见识了彭越冷酷的真面目,再不敢有丝毫怠慢。彭越率领巨野泽的草莽迅速成为反秦义军中的一支奇兵。

英雄落幕

彭越在巨野泽一带神出鬼没,吸纳被秦朝打散的起义军残兵,军队渐渐壮大起来,人数竟然过万了。秦朝灭亡,项羽分封天下。在项羽的眼里,彭越这样的草寇根本不值一提,哪里谈得上什么功劳。

刘邦用人的原则和项羽恰恰相反——从来不看出身。楚汉相争正式开打,刘邦计算己方战力,立刻想起了曾经跟自己并肩作战的彭越。刘邦赶紧派人给彭越送去将军的官印,唯恐彭越投入项羽阵营。

刘邦率领诸侯联军出关讨伐项羽,彭越带着三万精兵前来会合，这时魏豹也在联军中。刘邦当着大家的面封赏彭越，夸奖说："彭将军身为魏国人，收复魏地十余座城池，劳苦功高。魏王正好在这里，从今以后，彭将军就是魏王的相国了。"就这样，草寇瞬间变相国，实现了阶级跃层。从此，天下人都尊称彭越为"彭相国"。

楚汉相争的几年间，彭越继续稳守巨野泽这块根据地，为刘邦骚扰项羽的后方。项羽恨彭越恨得牙痒痒，但一点儿办法都没有，因为他只要发兵正面去打，彭越就像泥鳅一样钻回了巨野泽的芦苇荡，让他扑个空。刘邦和彭越好像猎人围捕猎物，一前一后夹击项羽大军，渐渐把项羽这头"猛兽"逼入了绝境。

终于到了刘邦和项羽决一胜负的时刻，刘邦催促彭越出兵，一起给项羽最后一击。这时，彭越却选择了按兵不动，让刘邦吃了个大败仗。

刘邦非常不解："彭越跟我一起打项羽这么多年了，为什么在关键时刻不给力？"

谋士张良提醒刘邦："魏豹死了，彭相国也想着再往上升一升呢！彭相国这是怕项羽一灭，就再没有邀功的机会了。"一句话点醒局中人。

刘邦马上决定，给彭相国再升一级，封为梁王，从前大片的魏国土地都归梁王所有。

好处到位，彭越仿佛现代生活中加满油的小摩托，劲

名师带你读史记

·82·

头十足地杀到垓下，与刘邦一起消灭了项羽，刘邦登基称帝。大家都在庆祝天下终于重归太平，刘邦却想起彭越趁机要挟封王的行为，像吃了苍蝇似的难受。

刘邦猜忌功臣，不久引起了新的叛乱。刘邦亲征北方造反的代国，下令梁国出兵到邯郸会合。彭越担心自己会像功高震主的楚王韩信一样中圈套被抓，不敢去见刘邦，只派了一员大将去邯郸。刘邦大发雷霆。

彭越收到前方的消息，慌张地收拾行装要亲自去向刘邦请罪。身边人劝他："大王开始不去，听到皇帝震怒再去，已经晚了。您想要保全身家性命，不如反了吧！"

去也不是，不去也不是，造反更不可取，彭越彻底没了主意，干脆用被子蒙起头来装病。彭越的这种鸵鸟策略当然不是好办法，马上就有人告发他企图谋反。刘邦出其不意地派人来拘捕彭越，彭越这个一代枭雄只好束手就擒，锒铛入狱。

刘邦念及彭越从前的功劳，没有杀他，只把他流放到巴蜀。在被押解前往巴蜀的路上，彭越刚进函谷关，就遇到从长安出发去洛阳见刘邦的吕后。

吕后向彭越嘘寒问暖，把彭越这位大丈夫感动得涕泪横流。他向吕后哭诉自己根本没有造反的意思，纯属冤枉。他求吕后去向刘邦说情，让自己可以回老家安度晚年。吕后一口答应下来，带着彭越来到洛阳。

吕后见到刘邦，第一句话就说："陛下你错了。"

刘邦自从当了皇帝，就拥有了很多妃子，自然对吕后这个老婆没什么好声气，他发起脾气来："你竟敢当面说朕错了！"

吕后理直气壮地说："梁王彭越是一位壮士，能耐很大。您留他活口，等于放虎归山，自留后患啊！这样的人怎能不杀？妾身已经把他带来洛阳，请陛下重新发落。"

刘邦一听，果然是自己妇人之仁了，还是老婆有雷霆手段，佩服！

此时，彭越还在囚车里傻傻地等消息，哪里会想到自己上当受骗，最后等来了满门抄斩、夷灭宗族的新判决……

成语撷英

云蒸龙变

释义：比喻英雄豪杰在时机到来时奋起。

《魏豹彭越列传》原文：得摄尺寸之柄，其云蒸龙变，欲有所会其度，以故幽囚而不辞云。

例句：这是个云蒸龙变的时代，未来可期。

汉王败数，使使召彭越并力击楚。越曰："魏地初定，尚畏楚，未可去。"汉王追楚，为项籍所败固陵。乃谓留侯曰："诸侯兵不从，为之奈何！"留侯曰："齐王信之立，非君王之意，信亦不自坚①。彭越本②定梁地，功多，始君王以魏豹故，拜彭越为魏相国。今豹死毋后，且越亦欲王，而君王不蚤定③。与此两国约④：即胜楚⑤，睢阳以北至穀城，皆以王彭相国；从陈以东傅⑥海，与齐王信。齐王信家在楚⑦，此其意欲复得故邑。君王能出捐此地许二人，二人今⑧可致；即不能，事未可知也。"于是汉王乃发使使彭越，如留侯策。使者至，彭越乃悉引兵会垓下，遂破楚。项籍已死。春，立彭越为梁王，都定陶。

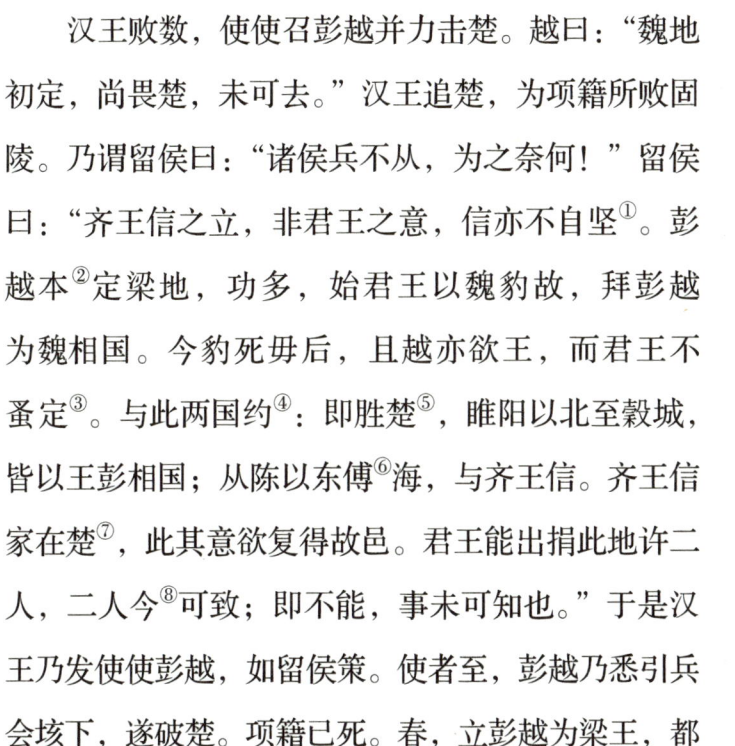

注释：
①不自坚：内心不坚定。
②本：原本。
③不蚤定："蚤"通"早"。不及早定夺。
④与此两国约：与韩信、彭越等约定好。
⑤即胜楚：即，若。以后如果打败项羽。
⑥傅：靠近。
⑦齐王信家在楚：齐王韩信的家乡在今江苏省淮阴市。
⑧今：将。

秦二世的暴政

秦始皇驾崩之后,秦二世胡亥以非法手段取得帝位。胡亥在奸臣赵高的挟持下,变本加厉施以暴政,最终导致了秦朝的灭亡。在这一篇"知识链接"中,我们就来了解一下秦二世的暴政。

首先,秦二世胡亥即位之后,大肆屠杀手足。他担心自己非法上位受到质疑,密谋杀害诸公子及先帝故臣。据《史记》记载,公子高曾准备逃走,又担心其家属受到残害,于是上书请求从葬于郦山脚下。胡亥准许了这一请求,并赐钱十万予以安葬。

其次,秦二世充分信任奸臣赵高,将国家大事全权委托赵高处理,自己贪图享乐。

《史记》中记载,赵高劝秦二世不要上朝管理朝政,以免遭到群臣质疑,不如躲在后宫,与群臣保持距离,这样更能够维护自己的权威。秦二世听了赵高的建议,于是常居于宫禁之中,只单独会见赵高决定朝事,很少召见大臣。赵高因此在朝中拥有只手遮天的权势,任人唯亲,谋害忠良,加剧了秦朝的灭亡。

再次,秦二世时期,朝廷的专制统治更加严酷。司马迁在《史记》中提到,秦二世统治时期"法令诛罚日益刻深,群臣人人自危","日益"一词就表明秦二世时专制统治的严酷程度超过了秦始皇时代，社会矛盾已经激化到不可调和的地步。

最后，秦二世胡亥铺张浪费，贪图享乐，完全没有政治家该有的眼光和谋略。据司马迁在《史记》中的记载，秦二世即位后，"又作阿房之宫，治直、驰道，赋敛愈重，戍徭无已"。公元前209年，陈胜和吴广发动了以推翻秦朝暴政为目的的农民起义。后来，李斯数次请谏秦二世，却遭到秦二世的批评："彼贤人之有天下也，专用天下适己而已矣，此所贵于有天下也。"秦二世这句话的意思是说：那些有才能的人在统治天下的时候，只是专门将天下的一切都拿来满足自己的欲望罢了，所以人们才将一统天下看得如此贵重。

所以，秦国二世而亡，是秦始皇和秦二世胡亥共同造成的败局，两个人都要承担政治失败的责任。

【 淮阴侯列传 】

悲剧英雄

汉高祖刘邦曾经说过这样的话,"运筹帷幄,决胜千里,我不如张良;镇抚国家百姓,保证前线供应,我不如萧何;统率千军万马,战必胜、攻必取,我不如韩信"。因此言,后世就把萧何、张良与韩信并称为"汉初三杰"。

跟萧何、张良一样,韩信也曾经为刘邦夺取天下立下汗马功劳,但是司马迁却认为韩信是汉朝建立后命运最惨的一个人物。韩信身上的这种巨大反差是怎么造成的呢?

胯下之辱

青年韩信在家乡很不招人待见。父母早亡,他穷得叮当响，干啥啥不成。为了混饱肚子，他只好挨家挨户去蹭饭。

有个小官，家境比较殷实，韩信常去他家讨饭吃。这个小官的老婆一看见这吃白食的穷小子，就气不打一处来。有一天，她故意提前开饭。韩信按平常的饭点来，才发现小官家已经在刷锅洗碗了。韩信遭到了冷落，很生气，从此不再登门。

俗话说，人是铁，饭是钢，一顿不吃饿得慌。韩信饿得前胸贴后背，只好到城外小河边去钓鱼。当时，河边有一群妇女在漂絮，其中有一位大嫂看到饥肠辘辘的韩信，觉得他十分可怜，就每天都把自己带的饭分给他吃。

韩信感激地说："我一定会重重报答大嫂的恩情。"

漂絮的大嫂一听这话，反而怒了，教训韩信："我是可怜你才给你口饭吃。你一个大丈夫连自己都不能养活，我还贪图你报答什么？"

韩信虽然生活潦倒，但怀有远大理想。平时，他无论走到哪里，都随身佩着一把剑，表示自己一心想着建功立业。

他在安葬母亲的时候，故意挑选了一处荒无人烟的地方。他想，如果有朝一日自己成了大人物，就能像王侯将相一样，在坟地边建一座热闹的城镇来给父母守坟。

乡里有个少年屠夫看不惯韩信整天在腰上别着一把

剑的样子，故意在闹市中当众羞辱韩信："看你长得这么高，还整天带着剑，其实却是个怂包。你要是有胆量，就在街上一刀杀了我；你要是没胆量，就从我的裤裆下钻过去。"

按照当时秦朝的法律，百姓斗殴、打架都要被判重罪，杀人更是死路一条。韩信盯着这个少年屠夫沉默了半天，最后匍匐在地，真的从他的裤裆下爬了过去。市集上的老百姓从此都把韩信当成了笑柄。

常言道，大丈夫能屈能伸。韩信之所以要屈辱地从人家裤裆下爬过去，是不想把性命白白浪费在市井无赖的身上。

国士无双

后来，陈胜在大泽乡揭竿而起，韩信就趁着乱世，投奔到楚军项羽的手下，想要闯出一番名堂。可是，项羽是一个高傲的贵族，根本看不起韩信这种在老家声名狼藉，甚至钻过别人裤裆的人，所以只让他在军中做了一个郎中的侍从小官。韩信在项羽身边待得十分憋屈。

秦朝灭亡以后，项羽在关中分封十八路诸侯的时候，韩信就开了小差，投奔汉王刘邦的军队去了。此时，刘邦好不容易在鸿门宴上捡回一条小命。项羽把刘邦从肥沃的关中赶到南边大山里的巴蜀汉中，还在关中分封了投降自己的三员秦朝大将章邯、董翳和司马欣，让他们堵死刘邦的后路，好让刘邦永无翻身之日。

韩信投奔谁不好，为什么要去投奔灰头土脸的刘邦呢？

韩信这一步棋，显示出他烂熟天下形势的英雄远见。**别人都觉得刘邦是倒了大霉，可韩信却从刘邦身上看到了扭转命运的机会。**

原来，章邯、董翳和司马欣被项羽打败，率领关中秦军投降项羽，项羽虽然饶了他们三人的小命，却把二十余万的秦军俘虏全部坑杀了，这二十余万冤魂都是关中老百姓的亲人，因此关中人不仅恨项羽，也对章邯他们三个家伙恨之入骨。

后来，刘邦入关，宣布废除秦朝苛政，跟关中百姓约法三章，军纪严明，秋毫无犯，因此，老百姓都盼着刘邦能当关中之主。

韩信看到了民心所向，算准了刘邦要是反攻关中，一定易如反掌。刘邦如果能在关中站稳脚跟，那他韩信就是唯一能跟项羽一争天下的实力派。

这时刘邦的军队士气低迷，在从关中到汉中的道路上，不断有人开小差逃跑。很多将领都觉得刘邦没希望了，不想在山沟沟里等死。

刘邦的丞相萧何正愁得不知如何是好，却突然遇到奇才韩信来指点汉军走上光明的出路。萧何大喜过望，立刻答应韩信向汉王刘邦推荐他。

韩信等了一段日子，发现萧何那边迟迟没有回音。有才华的人通常心高气傲，韩信也不例外。他觉得刘邦可能对自己没兴趣，就动了出走的念头。

俗话说，此地不留爷，自有留爷处。韩信连项羽那里都不屑一顾，又怎么愿意在刘邦这里耗费生命？所以，他干脆就不辞而别。

萧何一听说韩信走了，立刻心急火燎，甚至来不及禀报刘邦，连夜去追赶。这就是著名的典故"萧何月下追韩信"。

有人来向刘邦报告："丞相萧何开小差，骑马跑了。"

当时，刘邦正在吃饭，听到这个消息，气得把手里的碗都摔了。可没成想，萧何在半夜时分又回来了。

刘邦奇怪地问："萧何，你究竟在干什么啊？"

萧何说："我是替大王去把韩信追回来。"

刘邦气得破口大骂："之前跑了那么多大将，我都没见你卖力去追；现在你却为了一个韩信，搞得我虚惊一场！"

萧何劝刘邦道："别的将军跑了就跑了，但是韩信不一样，他是国士无双啊！大王想夺回关中，绝对离不开这个人。"

由于萧何极力保举韩信，刘邦决定连夜召见韩信。一番交流之后，刘邦对韩信的文韬武略佩服得五体投地。第二天，刘邦郑重宣布要在军中拜一员统帅三军的上将，还要修建一座高台，举行隆重的拜将典礼。

跟着刘邦的那班老人马都以为，这位上将必定出自他们几个老兄弟，说不定就是自己呢，心里都乐滋滋地翘首以盼。等到拜将的日子，全军看到刘邦选的上将竟然是韩信，都差点儿惊掉了下巴。

席卷天下

有句话说得好，金鳞岂是池中物，一遇风云便化龙。从此，韩信的人生就进入了快车道。他用明修栈道，暗度陈仓的计谋杀入关中，扫平了章邯等人的军队，为刘邦打下了最重要的战略根据地。

之后，刘邦率军在黄河以南与项羽正面作战，委任韩信为黄河以北的战场总指挥。

韩信以迅雷不及掩耳之势，声东击西，渡过黄河，一举击溃魏国，活捉魏王豹。

接着，他用置之死地而后生的兵法，在太行山井陉口以少胜多，大破扼守天险的二十万赵国大军。

名师带你读史记

继而，他虚张声势，用恐吓的计谋让燕国投降。

随后，他趁齐国不备，闪击偷袭，攻破齐国都城临淄。项羽派出援军来救齐国，与齐国组成号称二十万的齐楚联军。韩信面对强大的齐楚联军，略施小计，利用水攻就大获全胜。楚军大将龙且在这场对决中丢了性命。

虽然刘邦在正面战场上屡屡败于项羽之手，但是韩信在侧翼战线上取得了辉煌的胜利，所以汉军最终形成了对楚军的合围。最后，韩信在垓下设下十面埋伏的阵势，逼得霸王项羽在乌江自刎。项羽这个不可一世的英雄，竟然败在了当年钻人裤裆的韩信手下，历史风云的变幻有时候就是这么嘲弄人。

汉兴楚亡，韩信一人灭五国，居功至伟，被封为新的楚王，衣锦还乡。他派人找来当年给自己饭吃的漂絮大嫂，以千金的厚礼酬谢。韩信又找到逼自己钻裤裆的屠夫，出人意料地封他做了个军官。韩信说："他也算得上是个壮士了！"最后韩信把为了不让他蹭饭而提前开饭的小官找来，只给了一百铜钱，还对他说："把这钱拿回去给你老婆！好事不能做到底，真是小人啊！"

成也萧何，败也萧何

然而，韩信的风光竟然只持续了一年都不到。刘邦居然设下计谋，以巡狩天下为幌子，把来朝见天子的韩信打入囚车，给他安了一个意图谋反的罪名，贬为淮阴侯，从此软禁在长安。

为什么韩信会突然从九天之上被打入九地之下呢？

这个祸根就埋藏在垓下之战开战之前。当时，项羽派出一名使者来见刚占领齐国全境的韩信。向来只跟人拼实力的楚霸王受现实形势所迫，居然玩儿起了外交攻势。项羽劝韩信甩开刘邦，自立为王，这样天下三足鼎立，皆大欢喜岂不妙哉！不得不说，项羽的这个提案的确很诱人。

一时间，天下的局势要如何发展，全在韩信的一念之间。最后，韩信感念刘邦对自己的知遇之恩，拒绝了项羽的使者。但是，他的心里也不是完全没起一点儿波澜。

楚汉战争到了最危急的时刻，刘邦不断催促韩信前来合围项羽，可是，韩信却突然按兵不动。焦头烂额的刘邦好不容易盼来韩信的使者，却听到韩信捎来的口信是：齐国地广人众，自己怕不能服众，请求汉王封自己为代理齐王。

在这个微妙的时刻，韩信的口信与其说是请求，不如说是威胁。 刘邦虽然出离愤怒，但迫于形势，不得不封韩信当了正式的齐王。

当上齐王的韩信这才赶来，帮助刘邦给了项羽大军致命一击。韩信的仗打得漂亮，但他的情商确实不高。这一次，他乘人之危，让刘邦对他的忠诚产生了深深的怀疑。因此，天下刚一平定，刘邦立刻把韩信从齐王转封为楚王。这么做名义上是让韩信统治自己的老家，衣锦还乡，实际上是调虎离山。因为刘邦也是楚人，老刘家在楚地根基深厚，随时可以收拾韩信。

鸟尽弓藏，兔死狗烹，这似乎就是功臣的宿命。被贬为淮阴侯以后，韩信还是没有学会萧何、张良躲避皇帝猜忌的本领，在软禁之中牢骚不断。

在昔日的功臣权贵中，只有樊哙佩服韩信武功盖世，一直尊称韩信为"大王"。但是，韩信不仅没有因此亲近樊哙，反而半带讥讽地说："没想到我居然沦落到跟樊哙这种人为伍的地步了。"

有一次刘邦兴致很好，高兴地问韩信："你看朕打仗的能耐如何，能带多少兵？"

韩信说："陛下不过能带十万兵。"

刘邦一听，心想什么叫"不过"，就问韩信："你能带多少兵？"

韩信想起从前自己挥斥方遒、指点江山的英姿，不禁得意地说："臣嘛，当然多多益善啦。"

刘邦鼻子里哼了一声，冷笑问："多多益善……那你怎么当了我的阶下囚呢？"

韩信这才发觉失言，赶紧找补："陛下带兵的本领一般，但善于带将，是天命所归的帝王帅才。当陛下的阶下囚，臣甘拜下风。"

在压抑的生活中，韩信虽然不得志，但是始终梦想着天下战火重燃，自己可以再显身手，一扫风云。

公元前 196 年，刘邦率军离开长安讨伐叛乱，韩信想趁这个机会，阴谋发动长安城内的囚犯造反。

刘邦的皇后吕后听到了风声，让韩信最信任的萧何带去一个假口信，说皇帝平叛成功，让群臣入宫庆贺。

韩信本想称病不去，萧何却劝他："你就勉强去一下吧。"

没想到，韩信刚一进皇宫，就被吕后手下的武士逮捕，在宫内秘密处死了。韩信靠萧何的推荐，成了汉朝的大将，又因为信了萧何的假话，身首异处。这就是典故"成也萧何，败也萧何"的由来。

韩信去世时只有三十五岁。他人生的高光时刻，也只出现在楚汉相争那短短的五年。他的生命犹如烟花一样灿烂耀眼，又如流星一样转瞬即逝。

国士无双

释义：指一个国家里独一无二的人才。

《淮阴侯列传》原文：何曰："诸将易得耳。至如信者，国士无双。……"

例句：他为国家做出了十分突出的贡献，堪称国士无双。

妇人之仁

释义：指妇女的仁慈心肠。比喻处事不识大体，没有决断，总是不分对象施以小恩小惠。

《淮阴侯列传》原文：项王见人恭敬慈爱，言语呕呕，人有疾病，涕泣分食饮；至使人有功当封爵者，印刓敝，忍不能予，此所谓妇人之仁也。

例句：对待企图伤害我们的敌人，我们绝对不能存妇人之仁。

背水一战

释义：意指背靠临近河水之地布下阵势。后来指处于绝境之中，为求出路而决一死战。

《淮阴侯列传》原文：信乃使万人先行，出，背水陈。

例句：事情到了这个地步，我们只能背水一战。

肝胆涂地

释义：形容惨死；也形容竭尽忠诚，任何牺牲都在所不惜。

《淮阴侯列传》原文：今楚汉分争，使天下无罪之人肝胆涂地，父子暴骸骨于中野，不可胜数。

例句：他为了干好这份事业，可以说是肝胆涂地，在所不辞。

多多益善

释义：指越多越好，不嫌多。

《淮阴侯列传》原文：上问曰："如我能将几何？"信曰："陛下不过能将十万。"上曰："于君何如？"曰："臣多多而益善耳。"

例句：他对于知识的渴求没有止境，多多益善。

诸将效首虏[①]，毕贺[②]，因问信曰："兵法'右倍山陵，前左水泽'。今者将军令臣等反背水陈，曰'破赵会食'，臣等不服。然竟以胜，此何术也？"信曰："此在兵法，顾诸君不察耳。兵法不曰'陷之死地而后生，置之亡地而后存'？且信非得素拊循[③]士大夫[④]也，此所谓'驱市人而战之[⑤]'，其势非置之死地，使人人自为战；今[⑥]予之生地，皆走，宁尚可得而用之乎！"诸将皆服曰："善。非臣所及也。"

注释：

①效首虏：效，呈交，使主管者验收。交验自己所斩获的人头与所捉的俘虏，即向统帅禀报自己的功绩。

②毕贺：毕，皆。都向韩信祝贺。

③拊循：抚爱之，顺适其心意，指对人有恩德。

④士大夫：指部下将士。

⑤驱市人而战之：市人，集市上的人，比喻彼此间素不相知，毫无关系。赶着一群乌合之众去打仗。

⑥今：若，假如。

韩信点兵

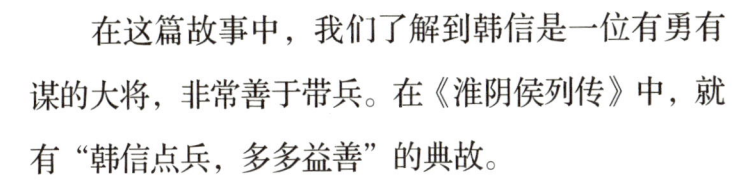

在这篇故事中，我们了解到韩信是一位有勇有谋的大将，非常善于带兵。在《淮阴侯列传》中，就有"韩信点兵，多多益善"的典故。

关于韩信点兵的典故还衍生出非常有趣的数学思维题。假设韩信带1500名士兵打仗，战死四五百人，剩下的士兵3人站一排，多出2人；5人站一排，多出4人；7人站一排，多出6人。韩信很快知道队伍还有1049名士兵。

韩信是怎么快速得出答案的呢？

我们可以这样理解韩信的算法：凡是3个3个数剩下的余数，将它乘以70（因为70是5与7的倍数，而又是以3去除余1的数），5个5个数剩下的余数，将它乘以21（因为21是3与7的倍数，又是以5去除余1的数），7个7个数剩下的余数，将它乘以15（因为15是3与5的倍数，又是以7去除余1的数）；将这些数加起来，加或减掉105的整数倍，因为105是3、5和7的公倍数，能被3、5和7整除。直到得数符合题意为止。

70×2＝140（因为140-2的得数可以被3整除）

21×4＝84（因为84-4的得数可以被5整除）

6×15＝90（因为90-6的得数可以被7整除）

140+84+90＝314（这个数除以3余2，除以5余4，除以7余6）

因为总人数1500，战死400至500人，那么剩下的士兵大概是1000人。那么314+105×7＝1049。

在我国的数学古籍《孙子算经》上也有类似的解法说明："凡三三数之剩一，则置七十；五五数之剩一，则置二十一；七七数之剩一，则置十五。"这种看似复杂的算法可以归结为一首简单的歌诀：

三人同行七十稀，五树梅花廿一枝，

七子团圆正半月，除百零五便得知。

即：被 3 除余 2，所以是 $70 \times 2 = 140$

被 5 除余 3，所以是 $21 \times 3 = 63$

被 7 除余 2，所以是 $15 \times 2 = 30$

所以所求的数为 $140+63+30 = 233$

$233-105 \times 2 = 23$

以后的数可以是 $23+105 = 128$，$23+105 \times 2 = 233$。依此类推，所得的数为 $23+105k$（k 为整数）。

53篇

【黥布列传】【田儋列传】

士可杀不可辱

《孙子兵法》有云："上兵伐谋，其次伐交，其次伐兵。"

这句话一针见血地点明了西楚霸王项羽失败的原因——有勇无谋。

首先，项羽不听参谋亚父范增的话，就凭蛮勇打仗，一次次地错过了绝佳的时机。

其次，"伐交"是指外交战略，项羽在外交上犯了两个致命的错误：第一是树立了田氏齐国这么一个敌人，造成了"背刺"的危险；第二是没拉拢住最能征惯战的手下——九江王英布，倒执利刃，授人以柄，为大敌刘邦送去了一份要自己命的厚礼。

骊山的"社牛"

英布跟刘邦一样，出身于平头百姓。因为犯了法，他被判处黥（qíng）刑，被人在脸上刺字，从此带着罪犯的标志，直到去世。

一般人都把黥刑看成耻辱，可英布却不这样想。他指着脸上的刺字，到处跟人说："在我小的时候，有人替我看相，说我能当大王，不过必须吃一场官司。虽然我现在脸上被刺了字，但是我马上就要时来运转了。你们等着瞧！"他甚至一不做二不休，干脆把名字改成了"黥布"。

朝廷把各地的罪犯都集中到骊山去给秦始皇修陵墓。在骊山服劳役的罪犯，没有不叫苦的，只有黥布是个例外。他在骊山，竟然感受到了如鱼得水般的快活。

这是为什么呢？

黥布是这么想的：这里有来自全国的七十万刑徒，如果我黥布称王，就能轻而易举地组成一支大军啊。于是，他天天在苦刑犯中间结交来自五湖四海的兄弟，成了骊山的"社牛"。

令人难以置信的是，这"社牛"日后真能牛气冲天，翻身称王。后来，黥布只带了几个小伙伴越狱逃跑，在长江边落草为寇，当了一个"草头王"。

霸王的先锋

陈胜在大泽乡造反，黥布投奔了项梁、项羽叔侄俩，从此成了项家军的马前卒、急先锋。

项羽破釜沉舟去解赵国巨鹿之围，黥布是最先向秦军铁骑发起冲锋的尖兵；项羽下令活埋二十余万秦军，执行命令的是黥布；项羽西进关中，被刘邦挡在函谷关外，是黥布身先士卒，一天就攻破了号称难攻不落的函谷关；项羽当上了西楚霸王，嫌旧主子"义帝"楚怀王碍手碍脚，就把楚怀王赶到南方的山沟沟里去，黥布接到项羽的秘令，在半道上冒充强盗劫杀了楚怀王……

为了老项家，黥布什么脏活、累活都干了。项羽封他当了九江王，帮黥布达成了目标，了却了心愿。

然而，刘邦出关讨伐项羽，只派了一个使者，凭着红口白牙就把黥布策反了。项羽被围垓下，黥布还出兵帮助刘邦，给旧主项羽补刀。黥布为什么对项羽说翻脸就翻脸呢？

问题还是出在项羽身上。黥布认为自己劳苦功高，希望项羽能够把淮南一带的平原沃土分封给自己。作为一个贵族公子，项羽认为，黥布本来就是一个平头百姓，脸上还被刺过字，能当九江王就应该知足了。

那么，九江王的封地在哪里呢？在英布的老家，就是

列传·秦汉鼎革

现在安徽六安一带的山区。黥布为此非常不甘心，因为他很清楚老家到处都是石头山，拿到这块封地怎么能算是衣锦还乡呢？他觉得项羽根本没把自己当回事。

于是，在刘邦出关偷袭项羽的时候，他干脆按兵不动，就等着看项羽的笑话。不过即便如此，项羽击退刘邦以后，也没急着找黥布算账。一来，项羽认为黥布打仗很行，还想用他；二来，项羽的身后还有一个势力强大的齐国在搞"背刺"，实在没法再开一条战线了。

田家的混战

说起项羽跟齐国之间的恩怨，那真是剪不断理还乱。这乱根其实出在齐国的田家。很久以前，田家是齐国的王族，家族势力盘根错节，分支无数。

这一支姓田的要称王，那一支姓田的不服气；这个说我实力雄厚，那个说我是先王嫡传。项羽的叔叔项梁因为插手齐国王位的权力游戏，得罪了最早反秦称王的田荣、田横兄弟。结果，项梁在跟秦国大将章邯决战的时候，田氏兄弟见死不救，致使项梁全军覆没。项羽和田氏兄弟就此结下了很深的怨仇。

秦朝灭亡，项羽明知道实际控制齐国的人是田荣和田横，却故意把齐国的土地一分为三，两份封给旁人。田荣和田横当然不干，率先吹响了反抗项羽的号角。刘邦就是趁项羽的主力去打齐国，才得以攻下项羽的都城彭城的。

项羽为了避免被首尾夹击，着急平定齐国，就采取了恐怖的屠城政策——打下城池后，无论男女老少一律杀光，以此恐吓齐国投降。田荣战败被杀，弟弟田横继续抵抗。等到项羽无奈撤军去打刘邦之时，田横又卷土重来，收复了失土。

转投汉军

刘邦不想被项羽一直压着打，就派人策反黥布，一口答应封他为淮南王。黥布遂了心愿，投入汉军的阵营。项羽兴兵问罪，黥布知道自己暂时不是项羽的对手，就跟汉军使者逃回汉营见刘邦。

黥布本以为自己风尘仆仆远道而来，一定会受到刘邦的款待，但是等他跟着使者来到刘邦的大帐，却看到刘邦穿着一身睡衣，正让两个美人给他洗脚呢！

黥布生气地说："项羽再看不起我，也从没当着我的面洗脚，刘邦这是把我当奴才呢！早知如此，我就不跟项羽闹翻了。"黥布后悔得直想拔刀自刎。

使者说："大王别生气，先回汉王给您安排的住处歇歇。"

"刘邦还能给我安排什么好住处？"黥布一边嘀咕，一边来到住处。这一次，他又大吃一惊，原来刘邦早就替他把王府的里里外外安排妥当，他的吃穿用度都跟刘邦一个标准。"嗯，这才是当大王的样子。"虚荣心得到了满足，黥布这才决定死心塌地地跟着刘邦打项羽。

宁死不屈

收服黥布，刘邦又派出能言善辩的说客郦食其去拉拢齐国。项羽是田横跟刘邦共同的敌人，田横马上同意联手结盟。

可是，汉军大将韩信声称没接到刘邦的停战命令，趁齐国边防松懈长驱直入。田横痛恨汉军背信弃义，把刘邦的说客郦食其扔进开水大锅烫死了。田横转过头向项羽求援，但终究不敌韩信凌厉的攻势，只好带着五百多亲信、随从躲到了东海的海岛上。

后来，汉朝虽然统一天下，但是刘邦还担心老田家在齐国根基深厚，就派人去招安田横。使者来到海岛上宣读旨意："田横只要归顺朝廷，大者封王，小者封侯；要是不来，就派兵铲平小岛！"

为了保全忠心追随自己的手下，田横就带着两名亲信去洛阳朝见刘邦。到了离洛阳三十里的地方，田横对两名亲信说："从前我跟刘邦平起平坐，现在却要向他跪拜称臣，我办不到。刘邦召我去洛阳，无非是想看看我长什么样。此地离洛阳不远，你们砍下我的人头带去洛阳，应该来得及让刘邦见识一下我的真容。"说完，田横就自杀了。

田横不服威逼利诱，宁死不屈。刘邦看到田横的人头，大受震撼，下令以诸侯王的待遇安葬田横，封田横的两名亲信在朝廷做官，以此收买齐国的人心。

可是才过了几天，刘邦又听到令他吃惊的消息：田横的两名亲信竟然在田横的坟墓前自杀殉葬了。刘邦佩服田横的手下有气节，再派人去海岛招安其余的人。然而，在听到田横的死讯后，海岛上的五百条齐国汉子没有一个愿意屈膝归顺，纷纷跳海自杀。

何苦造反

以德相交，地久天长；以利相交，利尽则散。田横五百士，是有德的义士；而淮南王黥布，却是个只看重利益的小人。

楚汉相争结束后的第六年，淮南王黥布竖起了反旗。大家都奇怪，朝廷对淮南王不薄啊，他为什么要造反呢？而明眼人早就看穿了：前年，刘邦杀了淮阴侯韩信；去年，刘邦又杀了梁王彭越，还把彭越剁成肉酱送给各路诸侯当警告。兔死狐悲，黥布能不担心自己的脑袋吗？

黥布能征惯战，觉得打仗比自己强的人只有项羽、韩信和彭越，现在，这三人都死了，那他黥布当然就是天下第一。他没想到，年事已高的刘邦竟然拖着病体御驾亲征，这让他起兵的嚣张气焰立刻矮了半截。

两军对垒，刘邦向黥布喊话："你何苦要造反呢？"

黥布反驳刘邦："我也想当回皇帝！"可惜，他的大口气却敌不过刘邦的硬拳头：刘邦倾全国之力把黥布打得节节败退。最后，黥布在逃亡途中被人出卖，死在了一间茅屋里。

跟田横五百士相比，黥布之死没有任何可以让天下人称道的地方。

成语撷英

身先士卒

释义：指作战时将领冲在士兵前面，带头打仗。

《黥布列传》原文：项王伐齐，身负板筑，以为士卒先，大王宜悉淮南之众，身自将之，为楚军前锋，今乃发四千人以助楚。

例句：他是个好队长，总是身先士卒。

大喜过望

释义：形容结果比最初希望的还好，因而感到特别高兴。

《黥布列传》原文：出就舍，帐御饮食从官如汉王居，布又大喜过望。

例句：他破天荒地考了第一名，全家人大喜过望。

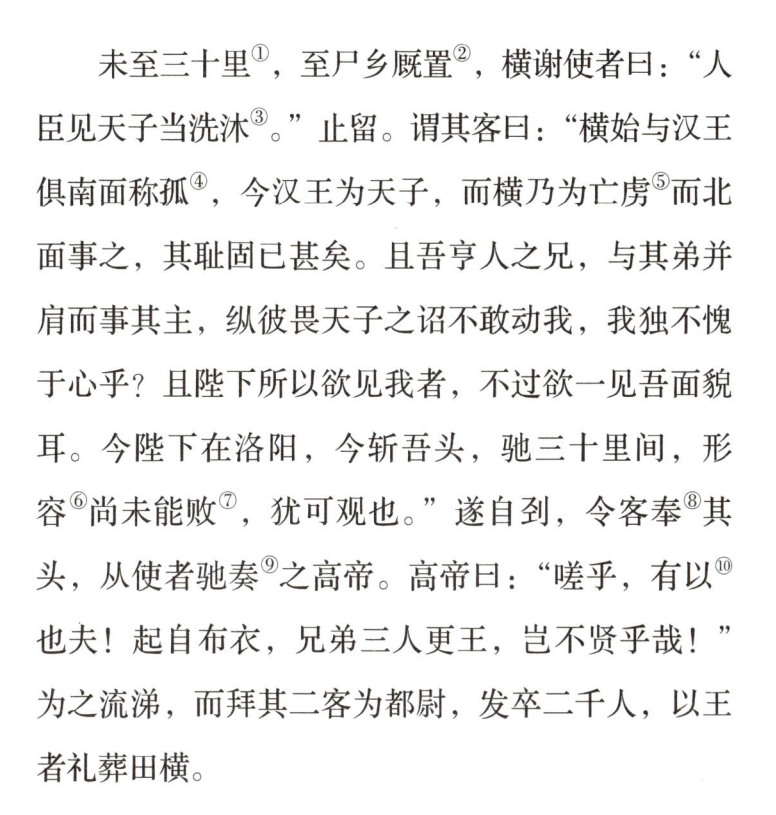

未至三十里①，至尸乡厩置②，横谢使者曰："人臣见天子当洗沐③。"止留。谓其客曰："横始与汉王俱南面称孤④，今汉王为天子，而横乃为亡虏⑤而北面事之，其耻固已甚矣。且吾亨人之兄，与其弟并肩而事其主，纵彼畏天子之诏不敢动我，我独不愧于心乎？且陛下所以欲见我者，不过欲一见吾面貌耳。今陛下在洛阳，今斩吾头，驰三十里间，形容⑥尚未能败⑦，犹可观也。"遂自刭，令客奉⑧其头，从使者驰奏⑨之高帝。高帝曰："嗟乎，有以⑩也夫！起自布衣，兄弟三人更王，岂不贤乎哉！"为之流涕，而拜其二客为都尉，发卒二千人，以王者礼葬田横。

注释：

①未至三十里：指距离刘邦所在的洛阳还有三十里。

②厩置：驿站。

③沐：洗头，洗浴。

④俱南面称孤：都是一样称王的人。

⑤亡虏：逃亡的囚徒。

⑥形容：身体面容。

⑦败：腐烂。

⑧奉：捧。

⑨奏：呈。

⑩有以：有道理。

名画《田横五百士》赏析

在这一篇中，我们了解到田横及其追随者都是威武不屈的壮士。发生在他们身上的可歌可泣的故事，被司马迁写进《田儋列传》中，从此代代相传，经久不衰。

1930 年，我国著名画家徐悲鸿创作完成了一幅大型历史题材布面油画《田横五百士》，一经展出就引起了中外美术界、文艺界的关注。这幅画现在被珍藏在徐悲鸿纪念馆内。

徐悲鸿选取了《田儋列传》中田横与五百壮士诀别的场面作为画面情节，通过对一组群像的着力塑造，表现出田横与追随他的五百士都具有威武不屈、信念坚定的崇高精神。

《田横五百士》的构图和用色具有以下几个特点：

首先，主色调极具提示性。徐悲鸿选用温暖、醒目的红色为主人公田横的衣服着色。这红色是整个画面的闪光点，强调了田横是整幅画作的中心人物，为观者找到了视觉焦点。观者在观赏画作时，可以通过这一抹红色，感受到田横在他的追随者心里是极具威望的。

其次，巧妙使用红、黄、蓝三原色。观者仔细观察画面，就可以发现除了中心人物田横身上的红袍，画面偏中心位置的青年身着黄色衣袍；而映衬田横红色衣袍的颜色也很有层次，高处是清透的蓝色天空，低处是稍显暗沉的普蓝色衣服。徐悲鸿在画面中将三原色安排得错落有致，互相映衬，互为点缀，为其他颜色的运用定好了基调，也留足了空间，使得画面上的每一种颜色都发挥了重要作用，彼此协调，达到了和谐统一的视觉境界。

再次，群像构图别致。徐悲鸿灵活恰当地排布不同造型的人物，他将画面中的人群相对集中又错落有致地排列起来，与远景海岸线的平直形成了一种互相制约的关系，给人带来和谐的视觉感受。

《田横五百士》的画面肃穆却不沉闷，丰富却不凌乱，既非常直观地再现了《田儋列传》中的悲壮故事，又让观者被一种昂扬、悲壮的精神所感动。

【 樊郦滕灌列传 】

"附骥"的武将们

常言道，一个篱笆三个桩，一个好汉三个帮。汉高祖刘邦提三尺剑，诛暴秦、灭项羽，冲锋陷营，上阵杀敌，靠的是一群乡里乡亲的铁哥们儿。这群小伙伴凭实力诠释了"王侯将相，宁有种乎"。

敢于"撞门"的樊哙

樊哙来自沛县，是刘邦的老乡，从前以杀狗卖肉为生。他跟刘邦的关系很不一般：他娶了吕后的妹妹为妻，所以他跟刘邦是"连襟"。在刘邦起义反秦的时候，樊哙作为刘邦的亲戚，自然就是第一批追随者，是西汉帝国

"创业团队"里最早的核心成员。

樊哙身强力壮，是一员猛将。不过，千古以来最为人们称颂的他的传奇经历，并不是某一次战役，而是两次"撞门"。

樊哙第一次"撞门"，发生在鸿门宴上。 当时，项羽手下四十万大军正杀气腾腾地进驻关中，项羽只要一挥手，就能立刻把上门请罪的刘邦化为齑粉。

虽然项羽的叔叔项伯已经被聪明的张良拉拢了，努力从中斡旋，但是主张杀刘邦的强硬派范增想出一条计策，让项庄假意在宴会上舞剑，找机会一剑刺死刘邦。

项伯为了保护刘邦的性命，与项庄对舞，鸿门宴上一时间刀光剑影，刘邦的心都提到了嗓子眼儿。就在这千钧一发之际，樊哙举着一面铁盾牌，靠蛮力撞开大帐外的守卫，好像一颗硕大的流星从天而降，立刻缓解了刘邦在鸿门宴上的危机。

樊哙冲进大帐，怒发冲冠，一对牛铃大眼直瞪着项羽，眼角像是快迸裂似的。项羽被樊哙的气势震撼了，不禁倒抽一口冷气，心中油然升起一份英雄敬壮士的爱惜，最终决定饶过刘邦的小命。所以，多亏了樊哙的惊人之举，刘邦才能在鸿门宴上逃过血光之灾。

樊哙第二次"撞门"，发生在刘邦晚年的时候。 当时，刘邦病得很重，心里烦，不想见人，就命令寝宫的守卫不准放任何人进来探望，即使皇后吕雉也不例外。十几天过去了，大臣们谁都不知道皇帝是生是死，可谁也不敢违抗圣旨去打扰皇帝。一时间人心惶惶，流言蜚语甚嚣尘上。

最后，樊哙实在按捺不住暴脾气，率领大臣们来到寝宫外。他带头撞开宫门闯了进去，看见刘邦正头枕着一个小宦官的大腿休息。

樊哙跪倒在床前，痛哭流涕地说："陛下当年率领我们平定天下，是多么英姿勃发；而今天下已定，怎么竟然如此懈怠！您在重病当中，凡事都不跟大臣们商量，是想躺在宦官身上离开人世吗？您难道忘了秦始皇死的时候，赵高是怎么颠覆秦朝的吗？"敢这么跟皇帝直言不讳的，也只有樊哙这位"连襟"了。

善于救人的夏侯婴

夏侯婴，从前是沛县衙门里的车夫——一位"老江湖"，专门负责官员们的迎来送往。每次下了班，夏侯婴总爱去泗水亭长刘邦那里歇脚唠嗑。

有一回，刘邦跟夏侯婴打闹，不小心打伤了夏侯婴。按照秦朝的法律，百姓私下斗殴是重罪。有人告发刘邦伤人，夏侯婴却一口咬定自己的伤跟刘邦无关。县衙觉得夏侯婴隐瞒事实，关了他一年多，其间严刑拷打。但是，夏侯婴死不改口，为了保住刘邦，宁愿牺牲自己。

刘邦起义时，夏侯婴在义军中发挥自己的专长——为刘邦赶车，后来成了专门统率战车的将军。夏侯婴为人善良，比起杀敌，他救人的事迹更值得传颂。

要是没有夏侯婴，刘邦和吕后的一双儿女多半会死在楚汉战争中。那时，刘邦在彭城遭到项羽骑兵奇袭，打了大败仗。夏侯婴驾着马车，带刘邦从乱军之中夺路而逃。半道上，他们遇上刘邦的儿子刘盈和女儿鲁元公主。本来，刘邦派人去沛县老家接家人，可是他很快吃了败仗，他的这双儿女和妻子吕后就被乱军冲散了。在兵荒马乱之中，这两个孩子撞见自己的亲爹，运气实在是好。

可是，刘邦非但不觉得幸运，反而觉得追兵在后，现在又多了两个孩子，马车只会跑得更慢，所以几次要把亲生儿女踹下车去。

夏侯婴却极力护着刘邦的两个孩子。夏侯婴觉得如果把孩子放在车厢里，肯定会被刘邦踹下去，就把两个孩子放在自己胸前，让他们紧紧搂住自己的脖子别撒手，他还能腾出手继续赶车。

刘邦急着逃命，被夏侯婴气得几次抽出剑来，想砍夏侯婴的脑袋。可是，他杀了车夫谁赶车啊？所以，刘邦最后还是忍住了火气。就这样，刘盈和鲁元公主才在战火中保住了小命。

夏侯婴还救过大将韩信的命。 韩信从项羽手下改投刘邦，还是个无名小辈的时候，不幸触犯军法，被判处死刑。行刑那天，刽子手已经斩首十三人，眼看就要结果韩信的小命了。这时，夏侯婴恰好驾车经过。韩信冲着夏侯婴大喊："汉王难道不想夺取天下吗？为什么要杀我这样的壮士！"

按说，一般人都不会理死刑犯，但是宅心仁厚的夏侯婴觉得韩信的话很值得关注。他打量韩信的模样，的确气宇不凡，不禁动了恻隐之心，于是从断头台上救下了韩信，并把他推荐给了丞相萧何。所以，如果夏侯婴没有出手搭救韩信，楚汉相争的历史可能完全是另一番面貌。

夏侯婴为刘邦赶了一辈子车，刘邦驾崩以后，他还继续为汉惠帝、汉文帝驾车。夏侯婴没有任何野心，他就想做一个本本分分的"老司机"，一个善良的老好人。

抓住机遇的灌婴

灌婴不是刘邦的老乡，他的老家在河南睢阳，他一开始以贩卖布匹为生。**灌婴虽然是外乡人，但能成为刘邦的核心功臣之一，全靠自己努力把握机会。**

灌婴加入刘邦队伍的时候，正遇上起义军在军事上陷入低潮，当时楚国大将项梁被秦将章邯打败，战死沙场。

他作为新兵却没有被低迷的士气影响，打起仗来不要命。他奋战的身影在一片失败的愁云惨雾中显得格外耀眼。

在《史记》里，司马迁形容灌婴打仗，用了"疾斗""疾力"这样的词语。司马迁没在第二个人身上用过同样的形容词。

刘邦入关灭秦，直至楚汉相争，一路烽火连绵。在这个艰苦的过程中，灌婴屡立战功。但是灌婴能与樊哙、夏侯婴这样的老将平起平坐，靠的并不仅仅是这些战功。灌婴的人生上升期是从刘邦彭城大败之后开始的。

项羽在彭城以少胜多，大败刘邦的诸侯联军，依靠的是楚军精锐的骑兵。在冷兵器时代有句名言——得骑兵者得天下。骑兵机动性高、冲击力强，是战场上绝对的杀手锏。

刘邦吃了大亏，痛定思痛，下决心要组建一支能跟项羽对抗的骑兵部队。刘邦想起用投降的秦朝将领来训练新的骑兵部队，可是秦将以自己难以服众的理由推辞了。他提议由一位汉王身边的亲信大将来指挥，自己在一旁辅佐就行。可刘邦身边的大将都是一群中年大老粗，已经学不进去新的军事技术了。在这群亲信中，只有灌婴，既有战功，人又年轻，学东西快。就这样，更上层楼的机遇落到了灌婴的头上。

机会总是青睐有准备的人。灌婴做事不靠运气，而是靠实力。所以，刘邦选他组建骑兵，真是做出了正确的选择。汉军骑兵迅速形成战力，从此"拼命三郎"灌婴如虎添翼，东征西讨，百战百胜。

楚汉相争到了决战时刻，项羽兵败垓下，被汉军骑兵一路追杀，最终自刎乌江，他的尸体也成了灌婴麾下的五名骑兵将士的战利品。因此，我们也可以说，灌婴才是楚汉之争最后的终结者。

司马迁在写《史记》前，专门去过刘邦和功臣们的老家考察他们当年的轶闻旧事。司马迁把功臣们的飞黄腾达形容为"附骥"，意思是即便是一只体量微弱的小虫，如果攀附上千里马的尾巴，也有远行千里的机会。"附骥"用现代的话来翻译，就是"搭顺风车"。可这些功臣之所以可以名垂青史，并不只是靠跟对了大哥，更多的是依靠各自的努力和出色的品行。他们的能力和人品都是完全配得上汉朝新帝国的封爵的。

附诸骥尾

释义：指蚊蝇附在马的尾巴上，可以远行千里。

《樊郦滕灌列传》原文：方其鼓刀屠狗卖缯之时，

岂自知附骥之尾，垂名汉廷，德流子孙哉？

例句：我们跟着一个好队长，好似附诸骥尾，都会有很大的进步。

原典再现

先黥布反时，高祖尝病甚，恶见人①，卧禁中②，诏户者③无得入群臣④。群臣绛、灌⑤等莫敢入，十余日，哙乃排闼⑥直入，大臣随之。上独枕一宦者卧。哙等见上流涕曰："始陛下与臣等起丰沛，定天下，何其壮也！今天下已定，又何惫也！且陛下病甚，大臣震恐，不见臣等计事，顾独与一宦者绝乎⑦？且陛下独不见赵高之事⑧乎？"高帝笑而起。

注释：

①恶见人：不想见人。

②禁中：宫中。

③户者：守门的仆从。

④无得入群臣：不允许放大臣们进来。

⑤绛、灌：绛侯周勃、颍阴侯灌婴，都是刘邦开国的元老。

⑥排闼：推门。

⑦顾独与一宦者绝乎：你难道就让一个宦者陪着你去世吗？

⑧赵高之事：指宦官赵高等先是趁秦始皇死篡改诏书，杀扶苏，立胡亥；后来又想自己称帝，杀胡亥于望夷宫的事。

樊哙的赫赫战功

在这一篇故事中，我们了解到樊哙一生中的两次精彩的"撞门"，为刘邦登上帝位立下了汗马功劳。樊哙一生立下的赫赫战功虽然都不及这两次"撞门"来得有名，但也非常值得后人钦佩，所以被司马迁记录在《樊郦滕灌列传》中。

樊哙一直跟随沛公。沛公在濮阳和章邯的军队交战，攻城的时候，樊哙率先登上城头，斩下二十余个敌军的首级，沛公把公大夫的爵位赏赐给他。

攻打城阳的时候，樊哙同样率先登上城头，攻克了户牖，大破李由的军队，斩杀敌军十六人，又获封上间爵位。

樊哙跟随沛公在成武攻打东郡郡守郡尉，打退了敌人，斩杀敌军十四人，俘虏了十一人，获得五大夫的爵位。

樊哙还跟随沛公攻打秦军，途经亳邑以南。河间郡守的军队驻扎在杠里，被樊哙攻破。樊哙还在开封的北面把赵贲的军队打败了。在这场战役中，他率先登上城头，斩杀了军侯一人，斩下敌军首级六十余个，俘虏了约三十人，被赐予卿的爵位。

樊哙跟随沛公在曲遇打败杨熊的军队。攻打宛陵的时候，樊哙又最先登上城头，斩掉敌军首级八个，俘虏了四十余人，被赐予贤成君的封号。

樊哙跟随沛公攻打长社和辕辕，阻断黄河渡口，在东面的尸乡攻打秦军，又在南面的犨邑攻打秦军。在阳城大破南阳郡守吕齮。向东攻打宛城时，樊哙又率先登上城头。樊哙向西攻击敌军，一直打到郦县，斩杀敌人二十余人，俘虏了四十人，又获得了很多封赏。樊哙攻打武关，到达霸上的时候，斩杀了都尉一人，斩下敌军首级约十个，俘虏了约一百五十人，投降的敌兵约有三千人。

所以，樊哙敢于在历史发生转折的关键时刻勇力"撞门"，不仅是因为他刚毅耿直，还因为他绝对算得上是一位忠心耿耿、足智多谋、智勇双全的开国功臣。

列传·秦汉鼎革

55篇

【 张丞相列传 】

一人之下，万人之上

丞相是天子的左膀右臂，是朝堂上群臣的领袖。西汉初年，丞相的地位举足轻重，功臣萧何、曹参相继执政，留下一段"萧规曹随"的美谈，让汉帝国迅速地从秦末战乱的废墟上站起来，充满生机。

萧曹之后，汉朝经历了吕氏专权的政坛动荡，皇位继承出现危机。在这政治的惊涛骇浪里，丞相就像是把握航船方向的舵手，陈平、周勃就是这定海神针般的人物。

可是，到了太平盛世，位高权重的丞相又让一心独揽大权的皇帝觉得非常碍眼。在具有雄才大略的汉武帝治下，丞相就逐渐成了朝堂上的摆设，甚至被人当成随时可能没命的高危人群。公孙贺听说汉武帝要封自己当丞相，急得直哭，跪在地上请求汉武帝收回成命！"丞相"怎么会变成一个如此尴尬的岗位呢？

憨厚丞相王陵

在汉惠帝统治时期，萧何、曹参这两位被尊为"相国"的重臣相继过世。刘邦曾在病榻上嘱咐吕后："王陵有点儿憨，陈平可以当他的帮手。陈平智量有余，但他一个人也不足委以重任。"按照刘邦临终的安排，吕后同时启用王陵和陈平分任右丞相和左丞相。刘邦为什么不让王陵辅佐聪明的陈平，非要倒过来，让陈平辅佐有点儿憨的王陵呢？

首先，王陵的出身地位是陈平不能比的。在沛县，王陵是街面上有头有脸的豪强。刘邦还在沛县当混混的时候，见到王陵都得尊称一声"大哥"。秦末天下大乱，王陵也曾拉起一支队伍，是各路起义军中独当一面的领袖。刘邦和项羽开始正式逐鹿天下后，王陵成了双方都要争取的对象。

其次，王陵加入汉军时背负着一段血海深仇，让包括刘邦在内的所有人都为他惋惜不已。项羽为了逼王陵归顺自己，把王陵的母亲押在军营里当人质。汉军使者来到楚营，项羽故意安排老太太出面，当着汉军的面对她礼敬有加，想用这招挑拨汉军和王陵的关系。

王陵的母亲非常看不起项羽的所作所为，私下找到汉军使者说："告诉我儿，汉王才是值得追随的长者，千万不要因为我这要死的老婆子而有二心。"然后就自杀了。

项羽看到怀柔不成，气得失去理智，竟然把王陵母亲的尸体丢进大锅烹煮。杀母之仇不共戴天，王陵从此与项羽反目成仇，坚定不移地加入了汉军阵营。

再次，王陵做人耿直方正。王陵最好的朋友雍齿是刘邦最讨厌的人，可是王陵从不卖友求荣。在刘邦分封功臣时，王陵因为维护雍齿没得到什么实惠。

跟憨厚耿直的王陵相比，陈平就像个圆滑的水晶弹珠，心机很深，做人左右逢源，别人根本猜不透他的立场。

汉惠帝一死，吕后想要分封吕家子弟为王，右丞相王陵据理力争："高祖皇帝斩白马与大臣们共同立誓，非刘姓而王者，天下共击之！"

吕后碰了一鼻子灰，又去问左丞相陈平，陈平说："这有何不可？"

事后，王陵大骂陈平："你违背当初跟高祖歃血立下的盟约，将来到了地下，有何面目去见高祖皇帝！"

陈平笑笑说："虽然你敢当面跟太后吵架，我比不了你这胆量，但是将来维护社稷安定，保护刘氏后人，你就不如我了。"

果然，在吕后死后，陈平出谋划策，诛杀了把持朝廷的吕氏宗族。他的这套翻手为云覆手为雨的本事，着实无人能比。

憨憨的王陵因为当面违逆吕后，还没把丞相的位置坐热，就被调去当皇帝的师傅。王陵也看不惯这明升实降的安排，干脆称病不出，不与吕氏同流合污，一直到老死。

长寿丞相张苍

在西汉的丞相里，张苍算得上是第一奇人。他的一生有"三奇"。

第一奇，张苍长寿得出奇。张苍的寿命超过了一百岁。人常说，人生七十古来稀。在古代，像张苍这样的百岁老寿星，绝对是凤毛麟角。张苍到了暮年，牙都掉光了，消化也弱，没法吃正常的食物，家里得雇奶妈喂他吃奶，这可算是一种奇特的"返老还童"。

第二奇，张苍长得出奇。张苍生得人高马大，一身细嫩的白肉。你可能会说，长得白有什么稀奇？张苍的这身白肉可救过他的命。

秦末大乱，张苍投靠汉军，触犯军规被判死刑。杀头之前，刽子手扒开张苍的衣服，把赤裸上身的他摁在断头台上。正巧，王陵从刑场边经过，扫了一眼，就被张苍的这身白肉晃得出神了。王陵心想：我从来没见过长得这么白白净净的人，真是开了眼，杀了这等人物多可惜！于是，他就喊刀下留人，到刘邦跟前替张苍求情，保住了张苍的小命。

从此，张苍把王陵夫妇当成再生的父母。王陵死后，张苍当上了丞相。官府每五日一休，张苍下朝从不先回家，而是先去王陵的府第，问候王陵夫人的起居，侍奉王夫人用膳完毕，再回自己家。张苍知恩图报一辈子，非常值得称道。

第三奇，张苍的学问出奇的好。张苍曾在秦朝担任御史，读遍官府收藏的书籍。他最出色的本事就是数学，计算天下的户口、钱粮这些极其烦琐的事情完全是小菜一碟，即使是更加复杂的天文历算也不在话下。我国有一部数学古籍《九章算术》，据说张苍对其进行过增补。

汉朝建立以后，张苍帮着萧何统算全国的经济收入，称得上是相国萧何最得力的助手。汉文帝时，张苍被任命为丞相，依据秦朝的老规矩制定、完善了汉朝初年的天文历算和音律乐理。

汉文帝迷信五德终始，觉得秦汉改朝换代，天命都变了，各种制度也得相应变一变。传说，秦朝代表了五行中的"水德"，有一些方士声称汉朝推翻秦朝，五行中的

名师带你读史记

"水德"就变成了"土德"。还有人给汉文帝献上各种各样所谓的"祥瑞"，证明天命降临。

汉文帝就去问张苍："我们是不是得改改制度啊？"

张苍认为改制度是牵一发而动全身的大事。比如"五德"代表不同的颜色，朝廷要把王朝上下的服装、旗帜全部改一遍，要花多少冤枉钱啊！所以，张苍对那些新的"祥瑞"一概不理，坚持不改旧制度。他也因此失去了汉文帝的欢心。后来，他索性以年老多病为由，从丞相的位置上急流勇退。

被气死的丞相申屠嘉

张苍的继任者申屠嘉，是个眼里揉不得沙子的人。在汉文帝和汉景帝两朝，他因为看不惯皇帝的佞幸宠臣，最后竟被活活气死了。

汉文帝宠幸一个叫邓通的佞臣。邓通为了得到汉文帝的欢心，无所不用其极。有一次，汉文帝背上长脓疮，痛得不能安眠，邓通为了让汉文帝感觉舒服点儿，就用嘴帮汉文帝把脓血吸出来。又有一次，太子来看汉文帝，汉文帝让太子替自己吸脓，太子看了都要呕吐了，一脸嫌弃。

有看相的人说邓通将来会穷到饿死，汉文帝听说了，就把铸造钱币的权力赐给了邓通，让他一辈子都不用为钱发愁。得到天子宠爱的邓通在朝廷里飞扬跋扈。

申屠嘉劝谏汉文帝说："陛下喜欢一个人，让他富贵没问题，但不能为此废了朝廷应有的礼节和制度。"

汉文帝笑笑说："这是我的私事，你就不要多管了。"

申屠嘉回到丞相府，立刻发文书召唤邓通来拜见，如果不来，定斩不赦。

邓通慌了神，立刻去向汉文帝求救。汉文帝知道丞相申屠嘉一定要出心中恶气，就说："你先去，朕自有办法。"

邓通到了丞相府，光头光脚跪地求饶。申屠嘉淡淡地说："朝廷的规矩是高祖皇帝定下的，邓通你一个小臣，敢在大殿上不敬，罪当斩首。"一句话把邓通吓得连连磕头，脑袋都磕出血来了。

另一边，汉文帝估计丞相的气也出得差不多了，才派使者来丞相府宣旨，替邓通向申屠嘉赔不是，把人救了回去。邓通有汉文帝保护，丞相申屠嘉也拿他没办法。

汉文帝去世后，汉景帝即位。新皇帝想起当年邓通吸脓的事，心里还是一阵阵地犯恶心，于是就严厉处罚邓通，剥夺了他的一切家产，邓通最后是在穷困中饿死了。

汉景帝也有自己的宠臣——晁错。汉景帝对晁错可以说是言无不听，计无不从。晁错对朝廷里的各项制度都有改动，丞相简直就被晾在一边无事可干。申屠嘉因此非常痛恨晁错。

晁错认为自己官衙的正门朝向不好，就命令在官衙南墙新开一个门。南墙的另一边是祭祀汉高祖父亲太上皇的宗庙，依照汉律，破坏天子宗庙是死罪。可是，晁错仗着有汉景帝的宠幸，竟然先斩后奏，把门开了。这下，他就被申屠嘉抓住了小辫子。申屠嘉一定要在皇帝面前参他个斩首的死罪。

晁错收到消息，知道丞相第二天一早要奏请皇帝杀自己，就连夜逃进宫里求救。第二天上朝，汉景帝果然为晁错打圆场："开门的事，是朕让晁错干的。"

申屠嘉没想到晁错竟然抢先一步搬救兵，直后悔自己贻误时机，没有先斩后奏。退朝回家，申屠嘉越想越生气，一口老血夺口而出，最后竟呕血而亡。

西汉立功臣为丞相，由丞相代天子管理百官，按照儒家的理想，天子只要垂拱而治，做天下道德的楷模就行。但是在现实当中，天子如果想插手朝廷里的事，丞相也只好给面子，所以至高无上的君权终究是不可能被关进笼子里的。但是，权力如果得不到制约，就如同洪水猛兽，会对天下造成难以想象的危害……

无所不通

释义：每一处都很畅通、通透；没有什么不明白。形容知道的东西很多。

《张丞相列传》原文：苍本好书，无所不观，无所不通，而尤善律历。

例句：她琴棋书画，无所不通。

嘉为人廉直，门不受私谒①。是时太中大夫邓通方隆爱幸，赏赐累巨万②。文帝尝燕饮③通家，其宠如是。是时丞相入朝，而通居上旁④，有怠慢之礼。丞相奏事毕，因言曰："陛下爱幸臣，则富贵之；至于朝廷之礼，不可以不肃！"上曰："君勿言，吾私之。"罢朝坐府中，嘉为檄召邓通诣⑤丞相府，不来，且斩通。通恐，入言文帝。文帝曰："汝第往⑥，吾今使人召若⑦。"通至丞相府，免冠，徒跣⑧，顿首谢。嘉坐自如，故不为礼，责曰："夫朝廷者，高皇帝之朝廷也。通小臣，戏殿上，大不敬，当斩，吏今行斩之！"通顿首，首尽出血，不解⑨。文帝度丞相已困⑩通，使使者持节召通，而谢丞相曰："此吾弄臣，君释之。"邓通既至，为文帝泣曰："丞相几杀臣。"

注释：

①谒：求见。

②累巨万：其资财累计多达万数。

③燕饮：不用遵守礼法的悠闲宴饮。

④通居上旁：邓通坐在皇帝的一旁。

⑤诣：前来。

⑥第往：尽管前去。

⑦吾今使人召若：我马上就让人把你唤回来。

⑧徒跣：光着脚认罪。

⑨不解：仍然有怒气。

⑩困：让他受罪。

秦汉时期科技发展成果

在这一篇故事中，我们了解到张苍不仅是一位出色的政治家，也是一位杰出的科学家。

我们可以从这里看出秦汉时期，我国的科学技术已经有了明显的发展。

现在，我们就用一个表格来总结一下当时的科技发展成果。

科技领域	代表人物	时期	主要成就	历史意义
造纸		西汉	出现用于书写和绘画的纸。	为能够批量生产纸张技术的出现奠定基础。
造纸	蔡伦	东汉	改进了造纸术，制成了植物纤维纸，使得纸成为可以普及的书写材料。	书写材料的一次伟大革命。
数学	张苍、耿寿昌	西汉	《九章算术》，西汉早期著名数学家张苍、耿寿昌等对它进行过增补删订。该书采用十进位制记数法，汇集了许多算术命题。	总结了春秋战国以来的数学成就，是当时世界上最先进的应用数学著作，标志着中国古代以计算为中心的数学形成完整体系。
医学	华佗	东汉	"麻沸散""五禽戏"和外科手术。	开创中国古代的手术外科，世界上第一次出现麻醉剂——"麻沸散"，开创用针灸医病的中医科学。
医学	张仲景	东汉	被后世尊称为"医圣"的张仲景创作了《伤寒卒病论》。	创造性地提出辩证论治的方法，奠定了后世中医临床医学的理论基础。
地理	张衡	东汉	发明了地动仪，是世界公认的最早的测定地震方向的仪器。	为地震学的发展奠定了基础。
农学	氾胜	西汉	《氾胜之书》	总结了西汉黄河流域的农业生产经验和操作技术。

列传·秦汉鼎革

56篇

《郦生陆贾列传》《刘敬叔孙通列传》（上）

乱世里的读书人

有句话是这样说的，百无一用是书生。读书人，臂不能开弓，手不能提剑，在乱世的烽火之中能有什么作为呢？话虽这么说，但是，在刘邦的军营里，形形色色的读书人不在少数，他们都发挥着不可替代的作用，对新生的汉朝政权的命运和前途产生了不容小觑的影响。

以一敌万的随何

如果说，一个书生等于五万步兵再加五千骑兵，那么这个书生得多么能干啊！这个有能耐的书生，就是之前提过的，刘邦派去劝降黥布的使者——随何。

刘邦在彭城之战里被项羽打得丢盔弃甲，一败涂地。在逃亡途中，他一个劲儿地埋怨身边的武将："你们都是一群窝囊废，不足以谋天下！"

原本雄赳赳气昂昂的大将们一个个低着头，大气不敢出。随何只是一个文官小侍从，这时却勇敢地站出来问："请问大王有什么谋划？"

刘邦用马鞭指着南方说："要是有人能把九江王黥布拉到我们一边，让他跟齐国一头一尾牵制项羽几个月的时间，天下肯定就是我的了。"

随何自信地说："我能帮大王实现这个设想。"

刘邦将信将疑，心想："反正我已经输到这个地步，不如就把死马当成活马医。于是，刘邦正式派遣书生随何去拉拢黥布。"

随何刚来到九江国，就遇上了项羽派来催促黥布出兵的使者。随何当机立断，一屁股坐在大殿上首的位置，气势汹汹地告诉项羽的使者："九江王已经答应跟汉王同盟，楚国想来调兵是不可能了。"

此时，黥布正在观望形势，想着权衡两边开出的条件再做决定，所以根本还没答应随何。面对随何的倒逼，黥布一时间呆立当场，百口莫辩。

项羽的使者马上准备回去报告。随何觉得眼下这件事变数太大，必须趁热打铁，就劝黥布："您必须杀了项羽的使者，不能让他回去报告，破坏了咱们的部署！"黥布一看没法挽回局面，索性把心一横，由着随何拿主意了。从此，胜利的天平一点点向刘邦一方倾斜。

打败项羽之后，刘邦大摆庆功宴，对群臣论功行赏。轮到随何了，一贯看不起读书人的刘邦借着醉意，故意刁难他："腐儒！打天下，腐儒能派上什么用场！"

随何跪倒在地，恭敬地问刘邦："当初陛下在彭城失意，楚王项羽主力还在齐国，两方都要拉拢九江王，陛下觉得，那时派五万步兵五千骑兵去打九江国，能让黥布乖乖就范吗？"

刘邦摇摇头："这点儿兵马，对付不了九江王。"

随何接着说："我只带了二十个随从，奉旨出使，就帮您说服了九江王。相比起来，我的一张嘴，比五万步兵加五千骑兵要厉害得多，您怎么能说我是对打天下毫无用处的腐儒呢？"

刘邦说不过随何，只好咧着嘴笑笑："好好好，你的一张嘴能顶千军万马。我就封你当专门保护我的亲军统领吧！"

狂生酒徒郦食其（Lì Yìjī）

刘邦当初跟项羽在楚怀王面前立约：谁先攻入关中，

谁就是关中王。但是，刘邦当初只有人不过一万，马不过几百，想要千里突袭杀进关中，简直是痴人说梦。

就在刘邦像无头苍蝇一样到处碰壁的时候，一位读书人为他指点迷津，帮助他找到了方向，迈出了成功的第一步。这个读书人，名叫郦食其，家住在现在河南杞县西南一带。认识刘邦时，他已经六十多岁了，穷困潦倒，靠替人看门勉强糊口。但郦食其人穷志不短，从来不把乡里有钱有势的人放在眼里，大家都叫他"狂生"。

刘邦西征入秦，路过郦食其的家乡时，安营扎寨。郦食其觉得这支起义军的大将有点儿意思，不像项梁那些目光短浅的家伙，于是连夜到军营求见刘邦。

刘邦打仗不顺心，正准备洗洗睡了，听报有人求见，不耐烦地问："什么人求见？"

士兵说："看他穿着一身儒生的衣服。"

刘邦甩甩手，敷衍道："我忙着打天下，没空见这些儒生。"

士兵出来将原话通传，还恐吓老头说："沛公最讨厌你们儒生，他撞见儒生，就会抢下儒生的帽子当尿壶！"

没想到一身儒生打扮的郦食其突然暴怒，手握剑柄呵斥小兵："再去给我通报，老子可不是什么儒生，高阳酒徒是也！"

小兵吓得一溜烟跑回大帐。刘邦一听外头的来客这番口气，顿时来了精神，光着脚挂着长矛一骨碌站起来，高声道："快快有请！"

一个是高阳酒徒，一个是沛县无赖，两人相见恨晚。郦食其为刘邦出谋划策，让他先去打附近的陈留，占据秦朝设置在那里的粮仓，有了粮食就能招兵买马，扩充实力。

郦食其不光出主意，还亲自出马，设计斩杀了秦朝的陈留长官，跟刘邦里应外合攻破了陈留城。刘邦靠着陈留充足的粮食，修整了三个月，扩充了一支兵强马壮的队伍，奠定了争夺天下的基础。

慷慨义士郦食其

楚汉相争，刘邦、项羽双方陷入僵持状态。为了打破僵局，郦食其不顾年近七十的高龄，主动请求去说服齐国联手对付项羽。这可是一个艰巨的任务。

田氏齐国虽然跟项羽有仇，但也时刻提防着汉军。汉军大将韩信打败了赵国，杀了陈馀，而陈馀当初就是得到齐国的支持才赶走死对头张耳的。田氏担心韩信乘胜吞并齐国，在边境上设置重兵防守。在这种剑拔弩张的形势下，郦食其想要说服田氏齐国谈何容易。

郦食其来到齐王面前，捻着胡须说："大王如果能看清天下大势的走向，就可以保住齐国的太平；如果看不清天下大势，齐国将来就不属于大王了。"

齐王问："天下大势将如何？"

郦食其仰着脑袋说："天下大势，都将归于汉王。"

齐王说："方今楚汉相争，实力相当，何以见得天下大势归于汉呢？"

郦食其故作惊讶地反问："大王难道果真不明白如此显而易见的道理吗？当初楚怀王与诸将约定，先入关中者为关中王，项羽背弃盟约，这是背誓不信之举；义帝楚怀王本是天下共主，项羽为了自己称霸，杀害楚怀王，这是弑君不忠之举；项羽打仗，专杀俘虏，坑杀秦国降兵二十余万不说，攻打齐国时，凡是不投降的，城破之时男女老少一律杀死，这是血腥不仁之举；项羽私心重，只重用自己的亲戚，其他有功之臣得不到封赏，这是自私不义之举。天下有识之士都知道项羽是不信不忠不仁不义之人，因此纷纷背弃项羽投奔汉王。汉王得道多助，因此从巴蜀起兵便势不可挡，魏赵两国不自量力，螳臂当车，都被消灭。如今大军压境，大王能认清形势，与汉王联手，就可保全社稷；如果您错过这个机会，魏国、赵国就是血淋淋的前车之鉴。"

郦食其一番滔滔不绝的长篇大论，让齐王深以为然，齐王当即决定罢兵结盟。近七十岁的郦食其成了齐国的上宾，每天都能喝到齐王的好酒，开心得不亦乐乎。

谁料天有不测风云，韩信审时度势，出其不意，趁齐国边防松懈杀了过来。齐王觉得上了郦食其的当，把郦食其抓了起来。齐王在老头儿郦食其面前点起熊熊烈火，支起一口大锅，烧了一锅开水，然后恐吓他说："你去让韩信退兵，就能活；否则，我今天就活煮了你！"

郦食其浑身被绑，但神色一如狂生本色，不屑地说："干大事不顾小节，我才不会听你的话呢！"他虽然被韩信出卖，对汉军偷袭却没有一句怨言，带着一股子为汉军开路成功的得意劲头，潇洒赴死。

四通五达

释义：形容交通十分便利。
《郦生陆贾列传》**原文**：夫陈留，天下之冲，四通五达之郊也，今其城又多积粟。
例句：这里四通五达，非常便利。

兴利除害

释义：兴办对天下百姓都有利的事，清除对天下百姓都有害的事，天下的百姓都归顺他们。

《郦生陆贾列传》原文："陆生曰："皇帝起丰沛，讨暴秦，诛强楚，为天下兴利除害，继五帝三王之业，统理中国。……"

例句：他一辈子都在这里兴利除害。

民以食为天

释义：原义是人民以粮食为生存的根本，形容食物对百姓的重要性。

《郦生陆贾列传》原文：王者以民（人）为天，而民（人）以食为天。

例句：民以食为天，食品安全格外重要。

原典再现

郦生因曰："臣闻知天之天者①，王事可成；不知天之天者，王事不可成。王者以民（人）为天，而民（人）以食为天。夫敖仓②，天下转输③久矣，臣闻其下④乃有藏粟甚多。楚人拔荥阳，不坚守敖仓，乃引而东，令適卒⑤分守成皋，此乃天所以资汉也。方今楚易取而汉反却，自夺其便⑥，臣窃以为过矣。且两雄不俱立，楚汉久相持不决，百姓骚动，海内摇荡，农夫释耒，工女下机，天下之心未有所定也。愿足下急复进兵，收取荥阳，据敖仓之粟，塞成皋之险，杜⁷大行⁸之道，距⁹蜚狐之口，守白马之津，以示诸侯效实形制⁽¹⁰⁾之势，则天下知所归矣。方今燕、赵已定，唯齐未下。今田广据千里之齐，田（间）将二十万之众，军于历城；诸田宗强，负海⁽¹¹⁾阻⁽¹²⁾河济，南近楚，人多变诈，足下虽遣数十万师，未可以岁月破也。臣请得奉明诏说齐王，使为汉而称东藩。"上曰："善。"

注释：

①知天之天者：明白天之所以有天道的原因。

②敖仓：大粮仓。

③转输：指各地向敖仓输送粮食。

④其下：窖藏。

⑤適卒：即指士卒，"適"通"谪"。

⑥自夺其便：自己放弃了好时机。

⑦杜：断绝，堵塞。

⑧大行：即太行山。

⑨距："距"通"拒"，堵塞。

⑩效实形制：效实，注重实效，把控紧要之处。形制，占据有利地形，以便制服敌人。

⑪负海：背靠大海，指没有后顾之忧。

⑫阻：据，凭借。

韩信奇袭齐国的原因

在这一篇故事中，郦食其本来已经得到了齐王的信任，却因为韩信突如其来的偷袭陷入被动，最终被齐王杀害。那么，韩信是故意陷害郦食其的吗？我们可以从《史记》中的一些记载找到蛛丝马迹。

《高祖本纪》记载："汉王跳，独与滕公共车出成皋玉门，北渡河，驰宿修武。自称使者，晨驰入张耳、韩信壁，而夺之军。乃使张耳北益收兵赵地，使韩信东击齐。汉王得韩信军，则复振。"

《淮阴侯列传》记载："信引兵东，未渡平原，闻汉王使郦食其已说下齐，韩信欲止。范阳辩士蒯通说信曰：'将军受诏击齐，而汉独发间使下齐，宁有诏止将军乎？何以得毋行也！……'"

《樊郦滕灌列传》中关于灌婴的部分有这样的记载："三年，以列侯食邑杜平乡。以御史大夫受诏将郎中骑兵东属相国韩信，击破齐军于历下，所将卒虏车骑将军华毋伤及将吏四十六人。降下临淄，得齐守相田光。追齐相田横至嬴、博，破其骑。所将卒斩骑将一人，生得骑将四人。攻下嬴、博，破齐将军田吸于千乘，所将卒斩吸。东从韩信攻龙且、留公旋于高密，卒斩龙且，生得右司马、连尹各一人，楼烦将十人，身生得亚将周兰。"

我们从这三段文字可以看出，韩信突袭齐国应该是受刘邦之命。刘邦为了帮助韩信取得这次破齐大战，还为他调配了灌婴等大将率领的部队增援。

破齐大战发生在楚汉战争的第三个年头，当时楚汉两军相持于荥阳，面对项羽率领的强大楚军，刘邦率领的汉军处境越来越危急。刘邦迫切需要韩信在破齐之战中出奇制胜，牵制楚军的兵力，帮助汉军找到转败为胜的突破点。

韩信依照刘邦的指令，顺利地大败齐国，不仅扭转了汉军的颓势，还实现了从北、东两面包围项羽的目标。所以，韩信偷袭齐国应该不是针对郦食其个人，而是为了服从以刘邦为首的汉军集团做出的军事部署。而刘邦在明知道郦食其游说齐国进展顺利的情况下，还命令韩信偷袭齐国，可能是站在汉军集团的角度，根据当时楚汉战争发展的客观局势，权衡利弊之后做出的决策。

57篇

《郦生陆贾列传》 《刘敬叔孙通列传》（下）

乱世书生的壮举

读书有没有用？

秦始皇焚书坑儒中有一个隐藏的逻辑：

他可不是痛恨知识和学问，而是想当知识学问的垄断者，让无知的黔首百姓永远臣服于聪明睿智的帝王。

但事与愿违，最后带头推翻秦朝的都是一群大老粗。

唐朝诗人章碣有一首讽刺秦始皇焚书坑儒的咏史诗，其中有这么两句：

"坑灰未冷山东乱，刘项原来不读书。"

项羽小时候不爱读书写字，刘邦也没念过几天书，还最喜欢欺负读书人。

儒生陆贾

刘邦当了皇帝之后,也没改掉欺负读书人的坏秉性。

朝廷里有位读书人叫陆贾,是位标准的儒生,平时大家都称呼他陆生。

陆贾在刘邦身边只要说话,必定引经据典,专讲《诗》《书》《礼》《乐》里的治国之道。

刘邦很不耐烦,有一次索性破口大骂:"我在马背上打天下,《诗》《书》《礼》《乐》管啥用?"

陆贾不卑不亢地反问了一句:"陛下从前的确在马背上打天下,现在难道还要在马背上治天下吗?要是当年秦始皇不搞焚书坑儒,而是推广《诗》《书》《礼》《乐》,施行仁政,陛下还有获得天下的机会吗?"

刘邦虽然被顶了个大红脸,但心里明白陆贾讲得有道理。他辛辛苦苦建立的汉朝如果想要长治久安,就不能光搞严刑峻法,更不能搞强盗土匪那一套,还得靠读书人来收服人心。

刘邦委任陆贾把秦朝灭亡以来的有效经验、惨痛教训都写成文章,细细讲解给自己听。

司马迁写《史记》的时候,讲到秦末乱世、楚汉相争这段历史,参考最多的就是陆贾写的书。

列传·秦汉鼎革

陆贾收服南越

陆贾不是光会舞文弄墨的书呆子。刘邦晚年时，陆贾曾出使岭南的南越国，完成了一场凶多吉少的使命。

南越，是秦始皇统一六国时征服的新领土，楚汉争霸的时候，原来身为秦朝官员的赵佗乘机自立为王。赵佗野心勃勃，对汉朝的南方边境形成了威胁。

陆贾从长安出发，跋涉千山万水，才来到南越的都城番禺，也就是今天的广州。赵佗见陆贾之前，故意按照本地少数民族的风俗打扮，梳着高高的发髻，盘腿箕踞，用傲慢的姿态向陆贾这位汉朝使者示威。陆贾一看，赵佗显然没有要低头称臣的意思。

赵佗原以为陆贾是一介白面书生，一定会被自己的阵势吓破胆，可是陆贾完全不把赵佗的傲慢态度当回事。他一打照面就揭这位南越大王的老底："足下本来是中原人士，老家在赵国真定，现在竟然忘了根本，穿起异族服装，妄想螳臂当车跟中原对抗。一旦兵戎相见，足下在故乡的祖先坟墓和亲戚兄弟，恐怕都难以保全。"

赵佗被陆贾一顿数落，脸上红一阵白一阵。他当然不想当老赵家的不肖子孙，只好起身道歉："我在边远小地方待久了，有失礼仪，您多多包涵！"然后当场决定接受汉朝的册封，还命令安排宴会款待大汉使者。

列传·秦汉鼎革

酒席上，赵佗仔细地跟陆贾打听汉朝的消息，听陆贾如数家珍地讲刘邦打天下的故事。

赵佗乘着酒兴问陆贾："我跟萧何、韩信这些人相比，谁更厉害？"

陆贾说："似乎大王更胜一筹。"

赵佗又问："那我跟皇帝相比，谁更厉害？"

陆贾一听这话，就明白赵佗这是狂妄自大的老毛病又犯了，必须得敲打一下，便从容地回答："皇帝出身平民，手提三尺剑，诛暴秦，灭项羽，五年之间，天下归一，统治万里山河，亿兆黎民，三皇五帝以来，还没有过这样的帝王。大王在南越，地处偏僻，幅员大小不过汉朝一个郡，人口不过几十万，哪里能跟大汉相提并论？"

赵佗听完陆贾的据理力争，哈哈大笑："说得痛快！我在南越，好久没有遇到陆先生这样有胆量有魄力的人，能让我耳目一新。不过，如果秦末大乱时，我也身在中原的话，现在未必不如大汉天子。"

就这样，一位是割据南国的枭雄，一位是有胆有识的书生，两人煮酒论英雄，惺惺相惜。谈笑间，战火消弭于未燃，岭南臣服于大汉。

陆贾这位书生的本领，更加令刘邦刮目相看。

"老滑头"叔孙通

汉朝初年各种朝廷礼仪和宗庙祭祀的规矩都是叔孙通制定的，叔孙通因此被司马迁称为开创汉代儒家礼制的一代宗师。可是，我们仔细读《史记》的故事，却发现这么一位大宗师，跟孔子这样坚持理想的儒学大师相比其实就是一个老滑头。

叔孙通生活的年代跨越了秦、汉两个朝代。在秦二世统治的时候，叔孙通正在朝廷里当候补的博士。叔孙通当时已经一大把年纪了，还没当上正式的博士。秦汉时代的博士不是读书的学位，而是在朝廷里为皇帝提供参考意见的学问家。

这时候有人向秦二世报告陈胜、吴广起义的消息，秦二世就问朝廷上的博士们："有一伙戍边的壮丁攻占了陈这个地方，大家看该怎么处理啊？"

三十多位博士启奏："《春秋》讲人臣不可以拥兵作乱，否则就是谋反大罪，罪不可赦。请陛下火速派兵镇压反贼。"博士们虽然引经据典，而且说的都是大实话，可是却没说到秦二世的心里去。秦二世最讨厌听到有人敢在他的统治下起义造反，这种说法不就是直接在说他这个皇帝做得不够格吗？于是，秦二世勃然大怒，把这些书呆子博士都抓了起来。

叔孙通脑子快，赶紧说："诸位博士说的不对。如今天下一家，明主在上，四海太平，哪来的什么反贼？陈胜和吴广只不过是鼠窃狗盗的小贼，陛下只要让地方官捉拿就行了。"

　　秦二世一听这话，心里舒坦了不少，下令重赏叔孙通，还立马提拔他当了正式的博士。叔孙通虽然嘴上会拍马屁，但心里也清楚：秦二世这是掩耳盗铃，秦朝的天下已是风雨飘摇，自己得了这个博士官也没什么可高兴的。于是，他赶紧收拾行李，逃回家乡去了。

另一种读书人

　　天下的形势风云变幻，逃回家乡的叔孙通不敢躺平，像走马灯似的不停地投靠不同的主子。他先是投奔项羽的叔父项梁；项梁死后，又去投靠义帝楚怀王；楚怀王被项羽害死了以后，叔孙通就归顺了项羽；不久，汉王刘邦的军队偷袭楚军都城彭城得手，叔孙通就投到刘邦麾下了。

　　我们在前面已经知道，刘邦最讨厌的人就是叔孙通这样的儒生了。刘邦自己没读过什么书，认为打天下靠的都是马上的功夫，根本用不到什么书里的知识！刘邦如果遇上了一身正经打扮的儒生，还会故意羞辱他们，把他们戴的帽子抢下来往里头撒尿。

遇上这样看不起读书人的皇帝，叔孙通能过上好日子吗？显然很难。不过，叔孙通既然能糊弄秦二世，当然也能搞定刘邦。叔孙通到了刘邦手下，就脱掉了儒生的衣冠，换上刘邦家乡楚人常穿的短装打扮，专门讨刘邦的欢心。

刘邦打败项羽正式称帝，大办庆功宴。席间，喝醉了酒的功臣一个个都暴露了大老粗的本性，在新皇帝的面前大呼小叫，夸耀自己的功劳，甚至一言不合，就拔出刀剑砍大殿里的柱子。刘邦一看，他这哪里是当皇帝，完全就是当了一个土匪头子嘛，气得脑门直冒烟。

这时候，一直低调做人的叔孙通终于有了发挥一己之长的机会。他毛遂自荐，提出为天子制定朝廷的礼仪。这正中刘邦的下怀。在刘邦正式登基的第二年元旦大朝会上，由叔孙通率领的一百多号儒生弟子们引领陪同诸位大臣按照次序进殿朝贺。在刘邦的面前，大臣们个个规规矩矩、恭恭敬敬，根本不敢出粗气。到宴会开席的时候，一直有人监督，如果发现大臣喝多了，就立刻带出大殿，绝对不能让人在天子面前发酒疯。

看着眼前秩序井然的场面，刘邦高兴地说："我到今天才知道当皇帝是什么滋味了。"于是，刘邦重重封赏了叔孙通，还封他当了太子的老师。

叔孙通手下的一百多号弟子也都被朝廷封了官。从前打仗的时候，他们都不看好老师叔孙通，觉得跟着他没出路。现在，这群儒生弟子吃上了朝廷俸禄，都向老师叔孙通跷起了大拇指，夸老师明白时代的需求，真乃当世圣人。

有些读书人认为，世道曲折，要想出人头地，必须有叔孙通这样能随时变化的柔软态度。跟随何、郦食其和陆贾相比，叔孙通也算是代表了另一种读书人的活法。

成语撷英

数见不鲜

释义：本指对于常来之客，就不宰杀禽兽隆重款待了。后指常常见到，毫不稀奇。

《郦生陆贾列传》原文：谓其子曰："……一岁中往来过他客，率不过再三过，数见不鲜……"

例句：她总是上台领奖，我们早已数见不鲜。

高枕而卧

释义：指垫高枕头安心地睡觉。形容无忧无虑、安心放松的状态。

《刘敬叔孙通列传》原文：北近胡寇，东有六国之族，宗强，一日有变，陛下亦未得高枕而卧也。

例句：他顺利地通过了考试，全家人因此高枕而卧。

汉九年，高帝徙叔孙通为太子太傅。汉十二年，高祖欲以赵王如意易太子，叔孙通谏上曰："昔者晋献公以骊姬之故废太子，立奚齐，晋国乱者数十年，为天下笑。秦以不蚤定扶苏①，令赵高得以诈立胡亥，自使灭祀②，此陛下所亲见。今太子仁孝，天下皆闻之；吕后与陛下攻苦食啖，其可背哉③！陛下必欲废适適④而立少，臣愿先伏诛，以颈血污地。"高帝曰："公罢矣，吾直⑤戏⑥耳。"叔孙通曰："太子天下本，本一摇天下振动，奈何以天下为戏！"高帝曰："吾听公言。"及上置酒，见留侯所招客从太子入见，上乃遂无易太子志矣。

注释：
①不蚤定扶苏：没有及早确定公子扶苏的太子地位。
②灭祀：使秦国的宗庙断绝祭祀，指秦国灭亡。
③其可背哉："其"通"岂"。岂能背叛？
④適："適"通"嫡"，指正妻所生的孩子。
⑤直：只不过。
⑥戏：开玩笑。

知识链接

陆贾《新语》金句赏析

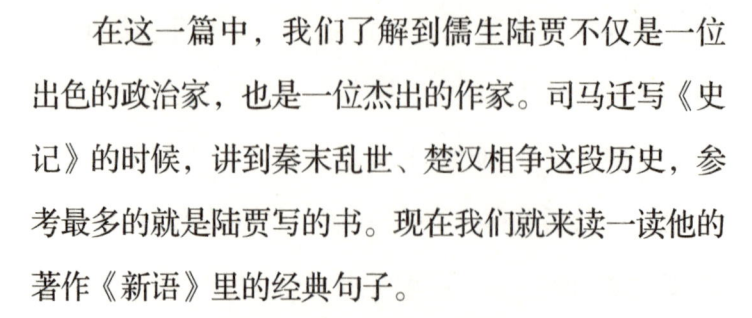

在这一篇中，我们了解到儒生陆贾不仅是一位出色的政治家，也是一位杰出的作家。司马迁写《史记》的时候，讲到秦末乱世、楚汉相争这段历史，参考最多的就是陆贾写的书。现在我们就来读一读他的著作《新语》里的经典句子。

1. 道莫大于无为，行莫大于谨敬。（《新语·无为第四》）

译文：道没有比无为更大的，行为没有比谨慎真诚更重要的。

2. 邪臣之蔽贤，犹浮云之彰日月也。（《新语·辨惑第五》）

译文：邪恶的臣子蒙蔽贤能的君主，就像浮云遮蔽了日月一样。

3. 道无废而不兴，器无毁而不治。（《新语·慎微第六》）

译文：旧的秩序不打破就不能建立新的秩序，国家旧的设施不毁坏就不能得到治理。

4. 质美者以通为贵，才良者以显为能。（《新语·资质第七》）

译文：质量上乘的材质因为流通才会珍贵，优秀的人才以有机会施展才能为本领。

5. 去事之戒，来事之师也。（《新语·至德第八》）

译文：过去发生的事情，如果引以为戒，就可以成为未来的老师了。

6. 治外者必调内，平远者必正近。（《新语·怀虑第九》）

译文：想治理好外部的事情，一定要先调节好内部的事情；想平定远方的事情，一定要先把近处的事情处理好。

7. 物之所可，非道之所宜，道之所宜，非物之所可。（《新语·怀虑第九》）

译文：物欲所允许的，不是合乎道的；合乎道的，不是物欲所许可的。

8. 人之好色，非脂粉所能饰；大怒之威，非气力所能行也。（《新语·本行第十》）

译文：人的美丽，不是靠脂粉来装饰的；大怒产生的威力，不是靠力气可以达到的。

9. 君子笃于义而薄于利，敏于行而慎于言。（《新语·本行第十》）

译文：君子忠实于仁义而轻视利益，敏捷于行动而谨慎于言语。

10. 世衰道失，非天之所为也，乃君国者有以取之也。(《新语·明诚第十一》)

译文：世道衰竭，不是天所做的，乃是国家的君主做了不该做的事而导致的。

11. 恶政生恶气，恶气生灾异。(《新语·明诚第十一》)

译文：恶劣的政治产生恶劣的氛围，恶劣的氛围就产生了可怕的灾害。

12. 善道存乎心，无远而不至也；恶行着乎己，无近而不去也。(《新语·明诚第十一》)

译文：只要善道存在心里，无论多远的目标也能达到；如果恶行随身，不管多近的目标也不能到达。

13. 仁者在位而仁人来，义者在朝而义士至。(《新语·思务第十二》)

译文：仁者当政的时候就会有仁人来投靠，义者在朝中就会有义士来归附。

14. 善者必有所主而至，恶者必有所因而来。(《新语·思务第十二》)

译文：优秀的人来投靠你，一定有原因；恶劣的人找上你，也一定有理由。

〖张丞相列传〗 〖季布栾布列传〗

做人得有气节

做人最重要的品质是有骨气。 人一旦没有骨气，就跟被打断脊梁骨的哈巴狗没有什么分别。

有的读书人特别耿直，不理解"一代儒宗"叔孙通的人生哲学，就评价他只懂得钻营，使尽浑身本领，就为了得到帝王的青睐，根本没有一点儿孔孟圣人的风骨，真是丢尽了读书人的脸。

有句话是这样说的，"仗义每多屠狗辈，负心总是读书人"。

这句话的意思是，有时候不读书的大老粗还讲男子汉的气节，不像某些乖巧的读书人常常在权力面前表现得虚伪软弱。

周昌期期艾艾

　　要问谁得到了叱咤风云的汉高祖刘邦的终极信任，谁让女中豪杰吕后又敬又恨，这人一定就是周昌。

　　周昌跟刘邦是老交情。当年刘邦当过泗水亭长，亭长是个基层机构的小官。那时周昌跟他的堂兄周苛，就是刘邦亭长手下的小跟班。

　　后来，刘邦斩白蛇起义，周家兄弟一路跟随，和刘邦一起经历了风风雨雨。在楚汉相争最艰难的时刻，哥哥周苛为刘邦困守孤城。后来，周苛被俘，项羽用高官厚禄招降，周苛宁死不降，竟被项羽活活烧死。刘邦一直记着英勇牺牲的周苛，因此特别重用弟弟周昌。当了皇帝以后，刘邦就封周昌当御史大夫，地位仅次于丞相。

　　御史大夫专门监督朝廷百官。周昌脾气耿直，特别适合这个岗位。那些开国的大功臣谁都不敢在周昌的面前耍花招，因为周昌较起真来，连皇帝都不放过。

　　有一次周昌到宫里见刘邦，正撞见刘邦抱着最宠爱的妃子戚夫人打情骂俏。一本正经的周昌顿时感到万分尴尬，扭头就走。

　　刘邦却来了劲儿，马上叫门口的卫士把周昌抓回来，逼他看自己跟美人亲热。刘邦看到周昌满脸不屑一顾，越发犯起浑来，竟然让卫士把周昌摁倒在地，自己一屁股坐在周昌背上，问："你觉得我是个什么样的君主？"

周昌挣扎着仰起头说："陛下是像桀、纣一样的君主！"桀和纣分别是夏、商两朝的末代君主，都是出了名的暴君。史学家历数他们的恶行，最主要就是宠幸后宫和虐待大臣。现在，周昌觉得刘邦既宠幸后宫又虐待大臣，两条都占了。他心里想什么就说什么，丝毫不屈服于刘邦的淫威。

周昌不仅在私下场合顶撞刘邦，也在朝廷上公然违逆。

刘邦宠爱戚夫人，就盘算着废掉吕后生的太子刘盈，改立戚夫人生的儿子如意为太子。吕后虽然脾气大，但都不敢正面跟刘邦起争执，一般的大臣更不敢管皇帝的家事。

可是，周昌觉得废长立幼就是坏了规矩。所以，群臣在朝廷上商量废立大事，就数他反对的声音最响亮。刘邦点名，让周昌说说废长立幼有啥不好。周昌虽然满脑子道理，却没有什么大学问，也不是个伶牙俐齿的人，所以说不出个所以然。他急得磕磕巴巴地说："臣口不能言，期期知此事不可；陛下想废太子，臣期期不能答应。"司马迁就是用这"期期"描写周昌说话磕巴的样子。后来还有个成语，把周昌和三国的邓艾两个著名的"口吃"并列，叫作"期期艾艾"。

吕后一直在旁边偷听朝廷上的动静，等散了朝，特地找到周昌，向他跪谢："今天没有周大人，太子可就危险了。"

最后，多亏了智多星张良的计策，刘邦终于打消了废太子的念头。

但是，刘邦知道妻子吕后将来肯定不会给戚夫人和如意好果子吃，非常担心自己死后，没人能保护心爱的小儿子如意。

他想来想去，只有把小儿子如意托付给"不讲情面"的周昌了。 刘邦封如意为赵王，让周昌去当赵国的丞相。

临行时，刘邦对周昌说："朕实在放心不下这老疙瘩，请你护他周全。除了你没人能担此重任，朕只能委屈你了。"

刘邦死后，吕后三番五次下令要赵王如意回长安。周昌知道吕后没安好心，每次都找借口把吕后的诏书顶了回去。周昌成了吕后实施报复的绊脚石。吕后索性下了一道诏书，撤了周昌的职，把周昌调回了长安。见了面，吕后指着周昌的鼻子骂："你不知道我恨透了戚夫人母子吗？你为什么拦着我对赵王动手？"

赵王如意没有周昌保驾，当然逃不脱吕后的魔爪，不久就被召回长安城毒死了。

周昌没能保护如意，觉得对不起刘邦的临终嘱托，从此称病不上朝。三年之后，这位耿直的老汉也郁郁而终。

季布一诺千金

楚人季布，年轻时行侠仗义，凡是答应了别人的事，就算豁出性命也要替人家办好。楚国人都流传着这么一句话：一百斤黄金，都抵不上季布的诺言。据说这就是成语"一诺千金"最初的来历。

楚汉相争时，季布是项羽手下的大将。刘邦在战争里吃了季布好多亏，险些丢了性命。刘邦当了皇帝，下令通缉季布：谁敢把季布藏起来，就灭谁的三族。季布只好隐姓埋名，混在奴隶的车队里，被卖到鲁国大侠朱家的家里。

鲁国曾经是项羽的封地。朱家早就听说过季布的大名，很快就认出了季布。但朱家看破不说破，决心为重诺守信的季布办一件大事。朱家要到朝廷去活动活动，临走前，他嘱咐儿子："新买的奴隶里有一个人，你替我照顾好。田里的活计，你都听他的。你一定要跟他同吃同住。"

朱家找到刘邦的亲信汝阴侯夏侯婴，通过他向刘邦带话："季布当年也是各为其主，跟陛下并没有私人恩怨。再者说，当年得罪过陛下的人那么多，难道陛下要治那么多人的罪？像季布这么有能耐的人，陛下真把他逼到绝境，逃到敌国，说不定又会出第二个伍子胥！"

夏侯婴一听就知道朱家窝藏了季布，但还是被朱家不惜拼上全家性命也要仗义执言的情义感动了。经过夏侯婴的一番劝诫，刘邦终于松了口，不仅赦免了季布，还任命他当了宫廷侍卫。后来，朱家和季布之间英雄重英雄的故事成了天下美谈。

季布有一个同母异父的弟弟叫丁固，当年也在项羽手下为将。刘邦兵败彭城，丁固率军追击，跟刘邦短兵相接。形势危急，刘邦只好使出求饶大法大喊："英雄何苦为难英雄！"丁固脑子活，非常明白"人情留一线，日后好相见"的道理，就放了刘邦一马。

垓下之战，项羽自刎乌江，丁固主动投降。他本想着凭彭城饶命的恩情捞个一官半职，却没想到被刘邦押在三军面前斩首示众。刘邦说："丁固在项羽手下为将不忠，让项羽失去天下的人，就是他！"丁固稀里糊涂地被砍了头。他跟哥哥季布虽然是一母同胞，命运却如此不同。

栾布义哭彭越

梁国人栾布，跟帮刘邦消灭项羽的大功臣梁王彭越是发小。两个穷朋友形影不离，一起给别人当长工，一起在酒馆里当跑堂。秦末兵荒马乱，栾布被乱兵抓走，卖到燕国当奴隶；彭越在巨野泽落草为寇，好朋友从此失散。

栾布虽然在燕国是奴隶，但遇到了好的主人家。后来，主人家遇了难，栾布挺身而出，为主人家报仇雪恨。从此，他在燕国有了侠名，后来在燕王臧荼手下当了将军。

汉朝统一天下，燕王臧荼谋反，汉军讨伐燕国，栾布成了俘虏。这时彭越被刘邦封为梁王，突然知道当年一起长大的朋友栾布身陷囹圄，就向刘邦求情，为栾布赎罪，让他在梁国当官。

可惜，好友重逢没多久，彭越就因为有谋反的嫌疑被刘邦和吕后杀了。彭越的身体被剁成肉泥，当成警告送给各路诸侯；彭越的头被挂在洛阳城门口示众。刘邦下旨："不许给彭越收尸，违者一律抓起来法办。"

栾布当时被彭越派去出使齐国，完成使命回到梁国，听说老朋友彭越死得这么惨，直奔洛阳。在城门口，栾布以君臣之礼拜见彭越的人头，然后摆上酒菜，点起蜡烛，当着围观人群，隆重祭拜彭越。士兵们二话不说，抓了栾布去见刘邦。

刘邦命人烧上一大锅开水，要烹杀这个违抗圣旨的栾布。行刑前，刘邦大骂栾布："彭越是反贼，你还敢公开祭拜，那你就是同谋，死有余辜。"

士兵们架起栾布准备扔进大锅里，栾布大喊："当年要不是彭越牵制项羽，哪有汉朝的今天！垓下之战没有彭越，项羽怎么会兵败乌江！今天彭越因为一点儿小事就被怀疑谋反，汉朝的功臣人人自危，将来会有更多的人要谋反！彭越不在了，我生不如死，死了更痛快！"

栾布不求饶、不怕死的态度，以及为了好朋友仗义执言、两肋插刀的精神让刘邦突然感到无比佩服。 他开始反思自己处置彭越的做法太绝情，怕像栾布说的那样，彭越之死会激起更多的人反叛。于是，刘邦不但立刻赦免了栾布，还封他为都尉，也算是为彭越的冤死找补回一点儿人心。

刘邦虽然被固昌骂是"桀纣之君"，但遇到真正有骨气的人，还是能知人善任。因此，刘邦虽然杀了韩信、彭越等那么多的功臣，最终也没有被贴上"暴君"的标签。这也显示出司马迁在撰写《史记》时，是多么推崇"重气节，藐威势"的人物啊！

名扬天下

释义：名声传扬天下，形容名气很大。

《季布栾布列传》原文：仆游扬足下之名于天下，顾不重邪？

例句：她是著名的设计师，早已名扬天下。

乃髡钳①季布，衣褐衣②，置广柳车中，并与其家僮③数十人，之鲁朱家所卖之。朱家心知是季布，乃买而置之田。诫其子曰："田事听此奴④，必与同食。"朱家乃乘轺车⑤之洛阳，见汝阴侯滕公。滕公留朱家饮数日。因谓滕公曰："季布何大罪，而上求之急也？"滕公曰："布数为项羽窘上，上怨之，故必欲得之。"朱家曰："君视季布何如人也？"曰："贤者也。"朱家曰："臣各为其主用，季布为项籍用，职耳⑥。项氏臣可尽诛邪？今上始得天下，独以己之私怨求一人⑦，何示天下之不广也⑧！且以季布之贤而汉求之急如此，此不北走胡即南走越耳。夫忌壮士以资敌国⑨，此伍子胥所以鞭荆平王之墓也。君何不从容为上言⑩邪？"

注释：

①髡钳：剃去头发，戴上锁链，把自己弄成被卖奴

隶的样子。

②褐衣：粗布衣服。

③僮：奴仆。

④田事听此奴：他干不干农活都听他的。

⑤轺车：单马拉的小车。

⑥职耳：理当如此。

⑦以己之私怨求一人：为了一己私仇而悬赏逮捕。

⑧何示天下之不广也：这将让天下人认为你的心胸狭窄。

⑨忌壮士以资敌国：你因为恨一个人，就把他逼到敌国，让他帮着敌国出力。

⑩从容为上言：好好地向皇帝谏言。

古代贤人看待生命的态度

在《列传·秦汉鼎革》的最后这一篇中，作者为大家解读了周昌、季布和栾布这三位乱世英才的人生故事。太史公司马迁在《季布栾布列传》中的最后一段话阐释了他通过记述季布和栾布的人生故事产生的关于生命价值的看法，非常值得我们仔细思考。

太史公曰：以项羽之气，而季布以勇显于楚。身屡军搴旗者数矣，可谓壮士。然至被刑戮，为人奴而不死，何其下也！彼必自负其材，故受辱而不羞，欲有所用其未足也，故终为汉名将。贤者诚重其死。夫婢妾贱人感慨而自杀者，非能勇也，其计画无复之耳。栾布哭彭越，趣汤如归者，彼诚知所处，不自重其死。虽往古烈士，何以加哉！

　　这段话的意思是说：以项羽那样的狭小心胸，季布还能凭借勇气在楚军中扬名。他多次亲身投入战斗，斩将拔旗，称得上是壮士。可是到了遭受刑罚，给人家当奴仆的时候，他却不肯一死，这看起来是多么卑下啊！他一定是对自己的才干有十足的把握，所以即使遭受屈辱也不感到羞耻，因为他想让自己还没有完全显示出来的才能得到发挥。他因此最终成了汉朝的名将。贤能的人都比较看重自己的生命，而奴婢、侍妾这些地位卑贱的人，遇到一点儿事情就冲动自杀的，并不是因为他们勇敢，而是因为他们再也没有什么别的办法了。栾布为彭越痛哭，赴汤镬就刑的时候视死如归，那是因为他确实知道自己死得其所，因此不吝惜自己的生命。即便是古时候那些重义轻生的烈士，又怎能超过栾布呢！

后 记

　　读书是这世上最有意思的事情。古人说，书本里有颜如玉和黄金屋，但是如果你也爱读书，就会发现书本里显然有比这些更加宝贵的东西，那就是人类喜怒哀乐的结晶，浓得化不开，越古老越醇厚。

　　不过，在科技发达的今天，读书的乐趣却面临着很多挑战。我年少时能爱上阅读，其实还要感谢相对贫乏的物质生活。在那个年代，天线能接收到的全部电视频道，我用一只手的手指就数得过来。所以，我看完一集全民热追的连续剧以后，只能到书本世界里去放飞无处安放的想象力了。

　　电脑、手机，以及无处不在的网络似乎让我们的想象空间越来越逼仄。我在十岁时读得如痴如醉的书，现在交给十岁的女儿读，她却并不感兴趣。我原本以为这是因为她课业太重，觉得课外阅读是很沉重的负担，直到我第一次为"少年得到"写音频课的稿子时，我才终于明白我的这个想法是对女儿的一个误解。

当时，我的老朋友徐来担任"少年得到"的主编，他觉得我平时聊天时讲故事的那股"疯劲儿"很适合去做《西游记》的音频课。我也认为自己很熟悉《西游记》中的各种掌故，于是立刻着手挑自己觉得最有意思的章回写试讲稿。我以为给孩子讲《西游记》不过是小菜一碟，很快就完成了这篇稿子。没想到，当我把稿子交给老朋友审读时，我看到的竟然是他皱紧的眉头。我到现在还记得他形容我的稿子的话："这里面有知识的诅咒！"

我很快弄明白了他的意思：你要讲的知识是好东西，但这些知识在你的脑子里已经沉淀了几十年，你就这么一股脑儿地输出，硬生生地让十岁上下的孩子接受，好像有些不近人情。因为在孩子们的眼里，你堆给他们的这些知识就像一大块浓得化不开的蜜糖，闻着香甜，但品相难看，口感也差，实在有点儿难以接受。

这段经历让我不由得想起，我之前给女儿讲楚汉相争的故事时，自己津津有味地拆解刘邦如何争取人心，项羽怎样刚愎自用，两个人的性格差异导致了各自人生不同的走向。她却听得意兴阑珊，完全无法和我共情。后来，我讲的刘邦在老家靠说大话骗了吕后当老婆这些类似八卦的细节，却让女儿听得两眼放光，她还一直追问吕后嫁给刘邦之后的故事。现在，个性刚毅的吕后已经成为她十分敬仰的对象。

我恍然大悟，我当年因为生活在物质匮乏的年代，所以连阅读也是"饥不择食"式的，而我的女儿生活在当今这个物质丰富、知识爆炸的时代，她拥有选择阅读的权利。孩子们都愿意首先挑选符合自己兴趣的书来读，我的女儿也不例外。

其实，不光是孩子会优先选择符合自己口味的书来读，人同此心，心同此理，连两千年前的司马迁也是如此。有前人批评《史记》不能算"信史"，因为司马迁写的这部史书更像是一部"好奇"的文学故事，并不能忠实地反映历史。但在大多数人眼里，这种"好奇故事"的风格其实正是《史记》最吸引人的优点。如果司马迁把《史记》一板一眼地写成"断烂朝报"，也许《史记》仍是一部意义深远的巨著，但绝不会成为一部流传几千年仍被后世争相转为白话文，广为阅读的杰作。

我写《史记》故事的出发点，也是追随太史公司马迁文字里"好奇"的气质，希望能摆脱成年人的"知识诅咒"，让孩子们在读这些故事时，感受到《史记》里的光。我写的这些故事如果能在他们心里埋下了解历史的兴趣种子，帮助他们在成长的过程中，鼓起勇气抛开这些白话故事的敲门砖，进入《史记》原典的殿堂认真求索，那么我夤夜笔耕时就会感到欣慰了。

当然，出于"有趣"的目的，我在写故事时也不得不忍痛割爱。这套书是按照《史记》"本纪""世家""列传"的基本顺序展开的。我为了尽量展现《史记》的故事性，除删了八"表"、十"志"，还不得不使很多篇章成为落选遗珠。我没有选择这些篇章不是因为原作缺乏了解的价值，而是我能力有限，认为这些"高档食材"如果被我随意地"乱炖"，不仅会对不起古人，也会对不起小读者。

对于选入书中的篇章，我尽量以一个"一以贯之"的视角，围绕着一个中心把整个故事去拆解、叙述。有时，我也会打散《史记》原有的篇章，拆东补西，小作穿插，选取几位具有共同特点的历史人物创作合集。这些辄改之处，我一般会在篇章的标题处注明。

我写的这些关于《史记》的故事，不是对《史记》原典机械的白话翻译，而是力求紧贴《史记》原意的"评话"。中国古代有《三国志平话》《五代史平话》这种依据真实历史进行的文学创作，我的写法大致算是对这种传统文学样式的拙劣模仿吧。我在书中表达的一些解读意见，主要来自我个人阅读的感悟，如有偏颇，请大小读者不吝赐教，我都会虚心接受。

写作时，我主要依赖的原著版本有两个：一是中华书局点校本二十四史系列中的《史记》，另一个是江西人民出版社出版的、由《史记》研究专家韩兆琦先生主编的《史记笺证》。任何人在求知之路上，都少不了前人的照拂。我不敢自比前辈，但私心所在，仍希望这一套书能成为孩子们攀登知识高峰的一根登山杖。